구원에 관한 문제의 구절들 총정리

PROBLEM TEXTS

구원에
관한
문제의 구절들
총정리

김경환 목사 지음

들어가는 말

아담의 죄로 인해 세상에 죄가 들어왔고 죄로 인해 사망이 모든 사람에게 이르렀습니다. 그러나 인간을 창조하신 하나님께서 세상을 이처럼 사랑하셨기 때문에 이천 년 전에 이 세상에 육신의 몸을 입고 오셨습니다. 예수께서는 율법 아래서 태어나시어 율법의 의를 이루시고 의인으로서 우리를 죄에서 구원하시기 위해 십자가 위에서 피흘려 죽으시고 장사되신지 삼일만에 부활하셨습니다.

이제는 하나님이신 예수님의 구속 사역을 마음으로 믿고 그분을 구주로 영접하는 자는 누구나 죄사함을 얻고 지옥의 형벌로부터 쉽게 구원받을 수 있게 되었습니다. 그러나 목사들이 성경의 어려운 구절들을 잘못 해석하여 '행함이 있어야 구원받는다'고 가르치고 있으며, 이로 인해 수많은 사람들이 영생을 얻지 못한 채 평생을 종교 노예 생활하다가 죽어서 지옥 불 속으로 떨어지고 있습니다. 오늘날 교회 시대에 적용되지 않는 성경 구절들로 인해 영생의 길이 막히고 있는, 참으로 안타까운 상황입니다.

이 책은 그러한 문제의 구절들을 한 구절씩 자세히 설교한 것을 책으로 편집한 것입니다. 독자들이 이 책으로 그런 성경 구절들을 공부하면서 어려웠던 구절들이 쉽게 이해되고, 구원의 확신 없이 죽음의 두려움 속에서 살아왔다면 믿음으로 말미암아 은혜로 구원받고 자유함 가운데 믿음 생활을 할 수 있게 될 것입니다. 부디 이 책이 많은 사람들에게 보급되어 읽는 모든 분들이 영생을 선물로 받고 주님을 위해 남은 생을 사셔서 주님을 기쁘시게 하시기를 간절히 기도드립니다.

이 책이 진리의 말씀을 올바로 나누어 공부할 수 있는 지침서가 되기를 소망합니다(딤후 2:15).

김경환 목사
2024년 11월

차례

그리스도의 복음을 오해하여 지옥으로 가고 있는가   11

행함이 없는 믿음은 죽은 것인가   39

혼의 구원은 이루어가야 하는 것인가   65

불의한 자는 하나님의 나라를 상속받지 못하는가   91

거듭난 자는 죄를 짓지 않는가   117

성령이 떠날 수 있는가   139

세례받아야 구원받는가   165

문제의 구절들 총정리   199

* 본 저서에 인용된 구절은 <한글킹제임스성경>입니다.

?

구원에 관한
문제의 구절들

"그리스도의 복음"

내가 그리스도의 복음을 부끄러워하지 아니하노니 이는
이 복음이 믿는 모든 사람을 구원에 이르게 하는 하나님의
능력이 됨이라. 첫째는 유대인에게요, 또한 헬라인에게로다.

롬 1:16

그리스도의 복음을 오해하여
지옥으로 가고 있는가

「형제들아, 이제 나는 너희가 모르는 것을 원치 아니하노니 내가 다른 이방인들 가운데서와 마찬가지로 너희 가운데서도 다소 열매를 거둘까 하여 여러 번 너희에게 가려고 시도하였으나(지금까지 방해를 받았느니라.) 헬라인들이나 야만인들이나 지혜 있는 자들이나 어리석은 자들에게나 내가 다 빚진 자로다. 그러므로 나로서는 로마에 있는 너희에게도 복음을 전할 준비가 되어 있노라. 내가 그리스도의 복음을 부끄러워하지 아니하노니 이는 이 복음이 믿는 모든 사람을 구원에 이르게 하는 하나님의 능력이 됨이라. 첫째는 유대인에게요, 또한 헬라인에게로다. 이 복음 안에는 믿음에서 믿음에 이르게 하는 하나님의 의가 계시되었으니 기록된 바 "의인은 믿음으로 말미암아 살리라." 함과 같으니라」(롬 1:13-17).

하나님께서는 인류의 죄를 사해 주시기 위해 복음을 쉽게 만드셨습니다. 그러나 그 쉬운 구원의 복음을 정확하게 전하는 목사를 찾을 수 없기 때문에 많은 사람들이 열심히 교회만 다니는 종교 생활을 하다가 죽어서 무서운 지옥 불로 가고 있습니다. 가장 중요한 '그리스도의 복음'을 모르기 때문입니다. 오늘은 그리스도의 복음의 정의가 무엇인지, 그리고 이를 제대로 알지 못하기 때문에 전하는 '다른 복음'이 무엇인지에 대해 말씀드릴 것입니다.

'그리스도의 복음'은 무엇입니까? 이는 많은 사람들이 성경을 읽으면서 쉽게 접하면서도 그냥 지나칠 수 있는 단어입니다. 사도 바울은 그리스도의 복음을 부끄러워하지 않는다고 했습니다. 구원받은 사람이 그리스도의 복음을 부끄러워하지 않는 이유는 복음이 믿는 모든 사람을 구원에 이르게 하는 하나님의 능력이 되기 때문입니다. 복음, 즉 'good news'는 그것을 믿을 때 우리를 구원에 이르게 해 줍니다. 종교적인 행위를 해야 구원에 이른다고 생각하는 사람들이 많습니다. 그 이유는 목사들이 강대상에서 믿음만으로는 부족하다고 가르치기 때문입니다.

그러나 성경은 믿음만으로 구원받는다고 말씀합니다. 그렇다면 하나님의 말씀과 그런 목사들의 말 중 어느 쪽이 맞는 것입니까. 믿음만으로는 부족하고 행함이 있어야 한다는 말은 그럴듯하게 들릴 수 있습니다. 만일 성경이 없었다면 그러한 인간의 주장이 이길 것입니다. 그러나 자신의 의견이나 다른 사람이 쓴 책에 의존해 그럴듯하게 설교한다고 해서 권위가 생기지 않습니다. 하나님 말씀에 반대되는 것은 거짓이며, 거짓된 가르침으로 성경이 경고하는 '다른 복음'을 전하는 것은 사람들을 지옥으로 보내는 것입니다. 여러분이 듣는 말씀이 목사 자신이 하는 말인지 아니면 성경에 근거한 것인지를 보아야 합니다. 성경에 있으면 받아들이면 됩니다. 복음은 믿는 모든 사람을 구원에 이르게 하는 하나님의 능력이라고 성경은 말씀합니다. 병을 고친다며 사람들을 밀쳐 쓰러뜨리는 것이 능력이 아니라 하나님의 말씀에 근거한 복음이 능력입니다.

그리스도의 복음 vs 그리스도께서 전하신 복음

하나님의 능력이 되는 이 복음이 '그리스도의 복음'(gospel of Christ)입니다. 사람들은 이 단어를 보면 그리스도께서 전하신 복음이라고 생각합니다. 여기서 문제가 생깁니다. 그리스도께서 전하신 복음과 그리스도에 대한 복음은 서로 다르기 때문입니다. 많은 목사들은 '그리스도의 복음'이 '그리스도께서 전하신 복음'이라고 생각해서 결국 행위에 의한 구원을 가르칩니다. 그러나 그리스도께서 전하신 복음은 사도 바울이 계시를 받고 전한 '은혜 복음'이 아닌 '왕국 복음'이었습니다. 이 왕국 복음은 주님께서 유대인의 왕으로 오셔서 왕국을 세우시기 위한 복음이었고, 이것은 행함과 관계가 있습니다. 오늘날 많은 목사들이 행위 구원을 가르치는 이유는 신학교에서 성경을 정확하게 배우지 못했기 때문입니다.

우리를 구원에 이르게 하는 그리스도의 복음은 그리스도에 '대한' 복음을 말하는 것입니다. 그리스도께서 누구시며 그분이 오셔서 무슨 일을 하셨는지를 믿는 사람이 구원을 받습니다. 예수님께서 오셔서 하신 역사적 사건들 모두를 말하는 것이 아닙니다. 우리는 그리스도께서 이 세상에 오셔서 죄인들을 위해서 어떤 일을 하셨는지를 전파하는 것이지 그리스도께서 전파하신 왕국 복음을 전하는 것이 아닙니다.

그리스도께서 전파하신 말씀들이 담겨져 있는 것은 마태, 마가, 누가복음이며 이 세 책들은 관점이 같다고 해서 '공관복음'이라 불립니다. 이 세 복음서에서는 행위에 의한 구원을 가르칩니다. 이 세 복음서는 그리스도의 인성을 다루는 반면 요한복음은 신성을 다룹니다. 그리스도의 신성을 부인하는 자유신학자들이 요한복음을 받아들이지 않는 이유가 여기 있습니다. '그리스도에 관한 복음,' 즉 그리스도께서 십자가에서 어떤 일을 하셔서 우리에게 영생을 받도록 해 주셨는지를 알고 믿어야 구원받는 것인데, 그리스도께서 오셔서 왕국에 관해 전하신 왕국 복음을 은혜의 복음이라고 믿고 그것을 전하면 결국 사람들을 지옥으로 보내게 됩니다.

그리스도의 복음은 무엇입니까? 사도 바울은 「내가 그리스도의 복음을 부끄러워하지 아니하노니 이는 이 복음이 믿는 모든 사람을 구원에 이르게 하는 하나님의 능력이 됨이라」(롬 1:16)고 했습니다. 예수님께서 전파하신 왕국 복음의 말씀은 그것을 믿는 모든 사람을 구원받게 하는 말씀이 아닙니다. 믿음만이 아니라 행함을 요구하는 말씀이기 때문입니다. 특히 산상 설교를 읽어보면 행함이 반드시 필요하다는 것을 알 수 있습니다.

그렇다면 여기서 이 두 가지 복음이 다르다는 것을 알 수 있는데 오늘날 많은 목사들은 강대상에서 은혜의 복음이 아닌, 그리스도께서 '전파하신' 말씀을 가르치고 전합니다. 그러면서 우리가 믿음만으로 구원받는 은혜의 복음을 전하면 우리를 비방합니다. 또 예수 그리스도께서 유대인들에게 전파하신 왕국 복음을 오늘날 선하거나 그 왕국 복음을 믿고 따르면 지옥에 기게 된다고 지적하면 이를 받아들이지 않습니다. 물론 그들도 우리가 전하는 정확한 그리스도의 복음을 듣고 회개하면 구원받습니다. 그러나 문제는 대부분의 사람들이 스스로 옳다고 고집하면서 받아들이려 하지 않는다는 것입니다.

그리스도의 복음은 믿는 모든 사람을 구원에 이르게 하는 하나님의 능력입니다. 성경은 여기서 "모든 사람"이라고 말씀하십니다. 선택받은 사람만이 아니라 믿는 모든 사람입니다. 자신이 잘못된 길로 가는 죄인이라는 사실을 회개하고 그리스도의 복음을 믿는 모든 사람은 다 구원을 받을 수 있습니다. 그래서 하나님의 능력이라고 말씀하는 것입니다. 만약 어떤 행위를 함으로써 구원을 받는다면 그것이 무슨 하나님의 능력입니까. 그것은 여러분의 능력으로 이룬 것이고 행위에 대해 받는 대가입니다.

십자가 이전과 이후의 차이

「이 복음 안에는 믿음에서 믿음에 이르게 하는 하나님의 의가 계시되었으니」(롬 1:17). 하나님의 의는 십자가 사건 후에 계시된 것입니다. 십자가 사건이 있었기 때문에 십자가에서 피 흘려 죽으시고 부활하신 사실을 믿음으로써 하나님의 의를 우리가 소유할 수 있습니다. 그러면 십자가 이전의 믿음은 십자가 후의 믿음과 같을까요, 다를까요. 다릅니다. 십자가 이전인 구약의 믿음은 "자신의" 믿음이라고 하박국에서 말씀합니다. 「그러나 의인은 자기 믿음으로 말미암아 살리라」(합 2:4). 하지만 로마서 1:17에서는 「의인은 믿음으로 말미암아 살리라」고 말씀합니다. 십자가 후에는 "자기"라는 말이 빠진 것입니다. 구약의 믿음은 자신이 믿음을 가짐으로써 하나님께서 명령하신 것들을 행하도록 요구합니다. 노아의 예를 들어보겠습니다. 하나님께서 홍수로 심판하시기에 앞서 방주를 지으라는 명령을 하셨을 때, 노아가 그 말씀을 믿었을지라도 게을러서 방주를 짓지 않았다면, 믿었어도 다른 죄인들과 똑같이 물로 심판받아 죽어서 지옥에 갔을 것입니다.

구약의 믿음은 자기 믿음으로 하나님의 말씀을 믿을 뿐 아니라 행함이 따라야 합니다. 오늘날 우리의 믿음은 예수 그리스도를 믿는 믿음입니다. 예수님만 믿으면 영생을 값없이 받습니다. 많은 사람들은 자기의 행위로 악착같이 죽을 때까지 예수님을 붙잡아야 구원을 받는다고 생각하지만, 그렇지 않습니다. 예수 그리스도의 십자가 사건을 믿고 예수님을 구주로 영접하면 구원의 문제는 모두 해결된 것입니다.

구원이 그렇게 쉽게 받는 것인가, 믿고 나서 아무렇게나 살아도 영생을 얻는 것인가 하며 반박하는 사람들이 있습니다. 그들이 모르는 것은 회개하는 마음으로 마음을 다하여 믿으면 성령 하나님께서 우리 안에 들어오셔서 구원해 주신다는 점입니다. 열심히 믿고 행함으로써 구원받는다고 생각하면, 평생 성령께서 들어오시기는커녕 악령에 의해서 살아가게 됩니다. 그래서 새로운 피조물이 되지 못하고, 그렇기 때문에 변하지 않는 것입니다. 사람들이 보는 데서만 변한척할 뿐입니다. 구원받지 못한 채 교회에 나가는 사람늘은 섵으로만 의로운 척합니다. 그리니 그 안에는 전과 다를 바 없는 아담의 타락한 성품이 있으며 죄악으로 가득 차 있습니다. 그 이유는 그 사람 안에 성령께서 들어온 적이 없기 때문입니다. 성령께서 들어오시려면 그리스도의 복음을 값없는 선물로 믿고 받아들여야 합니다. 그런데 대부분의 사람들이 그것을 하지 못하는 이유는 그리스도의 복음에 대한 정의조차도 목사들에게 제대로 듣지 못했기 때문입니다. 목사들이 '그리스도의 복음' 하면 무조건 예수님께서 전하신 말씀을 의미하는 줄 알고 산상 설교를 가르치니 듣는 사람들이 지옥으로 향하게 되는 것입니다.

이 복음 안에는 믿음에서 믿음에 이르게 하는 하나님의 의가 계시되었다고 말씀합니다. 「기록된 바 의인은 믿음으로 말미암아 살리라」(롬 1:17)고 하셨습니다. 구약 시대에는 율법을 행함으로써 살았습니다. 그러나 신약에 와서는 율법이 아니라 믿음으로 산다고 하셨습니다. 믿음으로써 의인이 되고 영생을 얻는 것입니다. 이것이 그리스도의 복음입니다. 그러나 많은 사람들은 그 말의 올바른 정의를 모르기 때문에 예수 그리스도께서 전파하신 왕국 복음대로 행해야 한다고 생각합니다. 그래서 '제자의 도' 같은 것을 가르치는 것입니다.

한편 변개된 성경에는 「모든 민족들을 가르치고」(마 28:19)라는 명령을 "제자 삼으라"는 말로 바꾸었습니다. 킹제임스성경에는 제자 삼으라는 말이 없습니다. 먼저 나가서 구원을 받도록 복음을 전해야지 구원도 받지 않은 사람들을 어떻게 제자로 만듭니까. 이 모든 것이 구약의 믿음의 개념, 즉 믿은 뒤 끝까지 행함이 있어야 구원받는다는 생각에 기인한 것입니다. 예수 그리스도께서 전하신 왕국 복음을 전해서 그런 것입니다. 우리는 예수 그리스도에 관한 말씀, 그분이 십자가에서 무엇을 하셨으며, 그 역사로 인해 우리가 어떻게 구원을 받고 죄 사함 받는지를 전해야 합니다. 그것이 그리스도의 복음입니다. 단순한 차이 같지만 이 차이가 많은 사람들을 지옥으로 가게 하고 있습니다.

은혜 시대인 오늘날 값없이 받는 구원

「그러므로 율법의 행위로는 그분 앞에 의롭게 될 육체가 없나니 이는 율법을 통해서는 죄의 깨달음이 있음이니라. 그러나 이제는 율법 없이 하나님의 의가 나타났으니 율법과 선지서들을 통해 증거된 것이니라. 곧 하나님의 의는 예수 그리스도를 믿음으로 인한 것으로 모든 자와 믿는 모든 자에게 미치나니 차별이 없느니라. 이는 모든 사람이 죄를 지었으므로 하나님의 영광에 이르지 못하다가 그리스도 예수 안에 있는 구속을 통하여 그의 은혜로 값없이 의롭게 되었음이라」(롬 3:20-24).

구원은 은혜로 받습니다. 다시 말해 값없이, 공짜로 받는 것입니다. 그래서 성경은 구원이 선물이라고 합니다. 주님의 십자가 사건이 여러분에게 선물이 되어야지 어떤 대가를 지불하고 받으려 한다면 여러분은 이 영생을 선물로 받을 수 없습니다. 그러나 안타깝게도 대부분의 사람들은 구원의 대가를 지불하고자 노력하는 종교 생활을 하고 있습니다. 예수님을 믿을 뿐 아니라 세례도 받고 이런 저런 일들을 해야만 구원을 받을 수 있다고 믿기 때문에 결국 이들에게는 구원이 선물이 되지 못하고 맙니다.

분명한 것은 우리가 "값없이" 의롭게 된다는 것입니다. 대부분의 사람들에게는 자기 의를 추구하는 마음이 있습니다. 자기 의를 믿기 때문에 값없이 죄사함을 받는다고 하면 받아들이지 않는 것입니다. 그러나 아무것도 하지 않아도, 교회에 나가서 세례를 받지 않더라도 구원을 받을 수 있습니다. 성당에 10년을 다녀야 구원을 받는다면 값없이 받는 것이 아닙니다. 어떤 의식을 치러야 한다든지 돈을 1억을 내야만 받을 수 있는 것이라면 값없이 받는 것이 아닙니다. 성경은 신약 시대의 구원은 은혜로, 값없이 받는다고 분명하게 말씀합니다. 그렇게 믿은 사람들만이 새로운 피조물이 될 수 있고 새로운 삶을 살 수 있다고 말입니다.

진정으로 믿음만으로 구원받은 사람은 구원받은 후 달라집니다. 오늘 자신의 모습을 과거와 비교해 보면 얼마나 달라졌는지를 알 수 있을 것입니다. 그러나 달라졌다는 의미가 육신으로 짓는 죄를 하나도 짓지 않고 예수님처럼 거룩하게 산다는 의미는 아닙니다. 구원받은 사람일지라도 육신을 따라 살면 여전히 죄를 짓게 되고, 성령을 좇아 살면 죄를 짓지 않습니다. 구원받은 여러분은 의롭게 사는 것과 불의하게 사는 것 사이에서 선택할 수 있습니다. 구원받고 난 뒤에 불의하게 살면 하나님께 징계를 받습니다.

구원을 받고 죄를 지으면 구원을 잃어버리고, 또다시 회개하고 예수님을 다시 믿으면 구원을 다시 받는 것이 아닙니다. 많은 교회들이 그런 식으로 잘못 가르칩니다. 만일 그것이 맞다면 주님 몸 안으로 들어갔다가 나왔다가 다시 들어가는 것입니까. 구원을 받으면 우리는 그리스도의 몸의 한 지체가 됩니다. 구원받은 여러분 한 사람 한 사람이 그리스도의 지체입니다. 만약 그리스도의 몸의 일부분이 죄로 인해 떨어져나가 지옥에 간다면, 그리스도의 몸에는 심각한 장애가 생기는 것입니다. 그리스도의 몸의 지체가 지옥에 갈 수 있습니까. 믿음만으로 의롭게 된 사람이라면 구원을 받았고 그리스도의 몸의 지체이기 때문에 무슨 일이 있더라도 지옥에는 가지 않습니다. 그것이 성경이 가르치는 바입니다. 그렇다고 죄를 짓고 마음대로 살라고 하는 것이 아닙니다. 우리가 오직 믿음으로 받는 구원을 전할 때 '저들은 예수님만 믿고 나면 무슨 짓을 해도 상관없이 하늘나라 간다고 한다'며 비방하는 사람들이 있습니다. 그러나 그것은 우리가 가르치는 바가 아닙니다. 우리는 구원받은 사람이 죄를 지으면 구원은 잃어버리지 않지만 주님께 받을 상급은 잃어버릴 수 있음을 가르칩니다.

어떤 사람들은 작은 죄는 용서받을 수 있고 큰 죄는 용서를 못 받는다고 말하는데, 그것은 잘못된 생각입니다. 구원을 받았다면 육신은 죽은 것이고, 따라서 육신이 죄를 짓는다면 시체가 죄를 짓는 것과 같습니다. 그 죄는 이 세상을 살아갈 때 문제가 되는 것이고 또 그리스도의 심판석에서 받을 상급에 대하여 문제가 되는 것이지만 그것 때문에 지옥이나 하늘나라가 결정되지 않습니다. 이것을 분명히 구분할 줄 알아야 합니다.

아무 행위도 없이 받는 구원

「이는 모든 사람이 죄를 지었으므로 하나님의 영광에 이르지 못하다가 그리스도 예수 안에 있는 구속을 통하여 그의 은혜로 값없이 의롭게 되었음이라. 하나님께서는 그의 피를 믿는 믿음을 통하여 그를 화목제물로 세우셨으니 이는 하나님의 오래 참으심 가운데서 이전에 지은 죄들을 사하심으로 인하여 그의 의를 선포하려 하심이요, 곧 이때에 자기의 의를 선포하심은 자신도 의롭게 되시고 또한 예수를 믿는 자도 의롭다 하려 하심이니라. 그러므로 자랑할 데가 어디 있느냐? 있을 수 없느니라. 무슨 법으로냐? 행위의 법으로냐? 아니라. 오직 믿음의 법에 의해서니라. 그러므로 우리는 사람이 율법의 행위들이 없이 믿음으로 의롭게 된다고 단정하노라」(롬 3:23-28).

주님께서는 율법의 행위들이 없이 믿음으로 의롭게 된다고 하셨습니다. 안식일을 지켜야 한다고 가르치는 사람들은 잘못된 것이며, 지옥도, 불멸하는 혼도 없다고 가르치는 사람들은 안식교를 포함하여 모두 거짓 믿음을 표방하는 자들입니다. 안식교 교리를 그대로 가르친다면 교회 이름에 안식교라는 이름을 사용하지 않더라도 안식교 목사인 것입니다. 우리는 그 목사가 가르치는 교리가 무엇인지를 보아야 합니다. 아무리 유명한 목사라 할지라도 거짓 교리를 가르쳐서 사람들을 지옥으로 몰아가고 있다면 그는 마귀의 종이기에 그를 따라가서는 결코 안 됩니다. 거짓 목사들은 스스로를 하나님보다도 높이 두며 사람들로 하여금 자신을 우러러 보고 섬기도록 만듭니다. 그런 사람들이 우상의 위치에서 내려와야만 그리스도의 복음이 들어갈 수 있습니다. 그들이 우상이 되면 그들이 말하는 것이 성경보다 위에 있기 때문에 듣는 사람들의 마음에 성경의 진리가 들어가지 못합니다. 거짓 목사도 우리와 똑같은 하나의 인간이라는 것을 알 때 전파되는 하나님의 말씀의 빛이 비칠 수가 있습니다. 거짓 복음을 전하는 자는 그가 누구이건, 교인이 몇 만 명이 되건, 얼마나 유명하건 관계 없이 마귀의 종이라는 것을 일깨워 주어야 사람들이 구원받을 수 있는 가능성이 조금이라도 열리는 것입니다.

    많은 사람들이 성당에 다닙니다. 교황의 위치를 하나님보다 위에 두기 때문에 하나님 말씀으로 천주교의 잘못된 점을 알려주어도 귀에 들어가지 않습니다. 교황의 말이 하나님 말씀보다 더 위에 있기 때문입니다. 교황이 그리스도의 복음을 전한다면 저는 그를 존경할 것입니다. 구원의 복음이 이렇게 쉬운데도 불구하고 그들은 사람들을 지옥으로 보내고 있습니다. 성경에는 행함 없이 믿음만으로 구원받는다는 말씀이 많습니다. 그런데 왜 모두들 장님이 되어 있는 것입니까. 그 거짓 목사들이 그리스도의 자리에 있기 때문에, 그들이 말하는 것이 하나님 말씀보다 더 높아져 있기 때문입니다.

「그러므로 자랑할 데가 어디 있느냐? 있을 수 없느니라. 무슨 법으로냐? 행위의 법으로냐? 아니라. 오직 믿음의 법에 의해서니라」(롬 3:27). 성경은 이렇게 행위의 법이 아니라 믿음의 법에 의해서 구원을 받는다고 분명히 말씀합니다. 여러분이 만일 성당에 오래 다님으로써 영생을 얻는다면 하나님 앞에 서서 심판 받을 때 무엇이라고 하겠습니까. "저는 아무것도 한 것 없는 죄인인데 오직 예수님의 공로로 죄사함 받아 감사합니다"라고 하지 않고 "내가 몇 년 동안 카톨릭 교회에 다녔는데요"라고 할 것입니다.

한국인들을 만나서 구원에 대해 얘기하면 "저는 모태 신앙입니다"라고 말하는 사람들이 많습니다. 그러나 모태 신앙은 문제가 매우 많은 단어입니다. 어머니 뱃속에서 무엇을 믿었다는 것일까요. 교회에 다니는 사람들이 쉬운 그리스도의 복음을 모르기 때문에 그런 식으로 신앙 고백을 하는 것입니다. 구원에 대해 얘기할 때 어떤 사람은 "우리 할아버지께서 교회를 세우신 분입니다"라고 합니다. 할아버지가 교회 설립자라는 사람이 왜 그렇게 많은지 모르겠습니다. 그래서 그것이 어떻다는 말입니까. 제 사역 초기에 교회 인근 지역에서 집집마다 방문하며 복음을 전하던 중 어떤 한인 가정을 방문한 적이 있습니다. 그 남편과 이야기를 하는데 그는 말을 하면서 계속 자기 아내를 쳐다보았습니다. 그래서 구원받고 하늘나라에 가시라고 복음을 전했더니, "괜찮습니다. 제 아내가 전도사인데 저는 아내 치마자락만 잡고 따라갈 겁니다"라고 했습니다.

그리스도께서 하신 일을 믿음으로 받는 구원

우리는 자랑할 것이 예수 그리스도 외에는 아무것도 없습니다. 예수님께서 십자가에서 우리 죄를 위해서 죽으셨다가 부활하신 그 사실을 믿고 영생을 얻었으니 그분 외에는 자랑할 것이 없습니다. 그것이 사도 바울이 본문에서 하는 말씀입니다. 사도 바울 서신 전체의 주제는 믿음만으로 의롭게 된다는 것입니다. 한두 군데에서 얘기한 것이 아닙니다. 그런데 왜 강대상에서 그리스도의 복음을 전한다면서 산상 설교를 가르쳐서 사람들을 지옥으로 보내는 것입니까. 그리스도의 복음이 그리스도께서 전하신 말씀이라고 착각하기 때문입니다. 그리스도의 복음은 그것이 아닙니다. 그리스도께서 십자가에서 하신 일을 믿음으로써 영생을 얻는 것, 이것이 그리스도의 복음입니다.

「사람이 율법의 행위로 의롭게 되는 것이 아니요, 예수 그리스도를 믿음으로 인하여 되는 줄 알고 우리도 예수 그리스도를 믿었나니, 이는 우리가 율법의 행위로써가 아니라 그리스도를 믿음으로 인하여 의로워지고자 함이라. 이는 율법의 행위로는 아무 육체도 의롭게 될 수 없음이라」(갈 2:16). 성경은 이렇게 여러 곳에서 명백하게 말씀하십니다. 이것이 어렵습니까? 초등학생들도 이해할 수 있을 정도로 쉽습니다. 그런데도 수십 년 동안 성경을 공부한 목사들의 입에서 계속 은혜의 복음과 반대되는 메시지가 나오는 것은 그들이 그리스도의 복음의 정의를 모르기 때문입니다.

「이는 아브라함의 복이 예수 그리스도로 말미암아 이방인들에게 미치게 함이며 또 우리로 하여금 믿음으로 말미암아 성령의 약속을 받게 하려는 것이라」(갈 3:14). 성령은 믿음으로 받는 것입니다. 믿음과 행함 모두 있어야 구원받는다고 믿는다면 지옥에 가게 됩니다. 지금 강대상에서 가르치는 목사들처럼 산상 설교나 제자의 도를 따르고 모든 것을 다 버려야 구원받는다고 생각하나면 지옥으로 가는 것입니다.

「너희가 믿음으로 말미암아 은혜로 구원을 받았으니 이것은 너희에게서 난 것이 아니요, 하나님의 선물이라. 행위에서 난 것이 아니니 아무도 자랑하지 못하게 하려 하심이라」(엡 2:8,9). 성경이 이렇게 분명하게 말씀하는데 왜 자꾸 산상 설교나 제자의 도를 가르치면서 다 버리라고 하는 것입니까. 그것은 구원의 조건이 아닙니다. 구원은 예수 그리스도를 믿음으로써 단번에 받으며, 그때 우리는 하나님의 자녀가 되고 성령을 받습니다. 그러나 많은 목사들이 그렇게 가르치지 않습니다.

저는 그들이 행위 구원을 가르치는 이유에 대해서 곰곰히 생각해보았습니다. 그리고 얻은 결론은 그들이 '그리스도의 복음'의 정의를 모른다는 것이었습니다. 그리스도의 복음이 예수 그리스도께서 이 세상에 오셔서 가르치신 말씀이라고 착각하고 있다는 사실을 깨닫게 되었습니다. 그리스도의 복음은 예수 그리스도의 십자가 사건을 믿고 그분을 구주로 영접하는 것입니다. 바울 서신의 가르침은 분명히 우리가 믿음만으로 구원받는다고 말씀합니다.

산상수훈이 은혜시대를 위한 복음이 아닌 이유

그러면 예수님께서 가르치신 것은 무엇입니까? 우선 마태복음 4:17을 통해 예수님께서 전하신 말씀이 우리가 전하는 복음과 같은지를 살펴보려고 합니다. 「그 때부터 예수께서 전파하기 시작하여, 말씀하시기를 "회개하라, 천국이 가까이 왔느니라."고 하시더라」(마 4:17). 주님께서는 '왕국(kingdom)복음'을 전하셨습니다. 우리가 전하는 복음은 왕국복음이 아닙니다. 우리가 전하는 복음은 은혜의 복음이며 사도 바울이 전한 복음입니다. 예수님께서 직접 사도 바울에게 계시하신 복음입니다. 갈라디아서 1장에서 사도 바울은 자신의 교리가 다른 사람에게서 받은 것이 아니라 주님으로부터 직접 계시받은 것이라고 했습니다. 바울 서신은 은혜 복음에 대해서 명료하게 적고 있기 때문에 중요합니다. 반면 예수님께서 전하신 것은 왕국 복음, 즉 구약에 약속된 다윗의 보좌에 주님께서 앉으셔서 이 세상을 천년 동안 통치하신다는 것입니다. 왕이 오셨고 물리적인 왕국이 도래했으니 이스라엘이 회개하면 그 왕국을 받을 수 있다는 말씀이었습니다. 주님께서 열두 제자를 보내시면서 뭐라고 당부하셨는지를 보면 더 잘 알 수 있습니다. 「이방인들의 길로도 가지 말고… 다만 이스라엘 집의 잃어버린 양에게로 가라. 가서 전할 때, '천국이 가까이 왔다.'고 말하고,」(마 10:5-7). 이 복음은 주님이 구약에서 아브라함에게 약속하신 것으로, 예수님께서 아브라함의 육신적 자손들에게 오셔서 다윗의 보좌에 앉아 왕으로 통치하신다는 것입니다. 유대인들은 회개하고 왕으로 오신 주님을 받아들이면 되는 것이었습니다. 그러나 그들은 주님을 거부했습니다.

「영이 가난한 자들은 복이 있나니, 천국이 그들의 것임이요」(마 5:3). 오늘날에는 구원받으려면 영이 가난해야 하는 것이 아닙니다. 예수님을 구주로 믿어야 구원받습니다. 「애통하는 자들은 복이 있나니, 그들이 위로를 받을 것임이요, 온유한 자들은 복이 있나니, 그들이 땅을 유업으로 받을 것임이요」(마 5:4,5). 여기서 땅을 받는다는 말씀은 천국, 즉 이 땅에 도래하는 천년 왕국 때 있을 일입니다. 또 온유해야 천국에 들어갈 수 있다고 말씀하는데, 오늘날 온유해야만 구원을 받습니까. 저는 구원받은 사람들 중에서 온유하지 않은 사람들도 많이 보았습니다.

「의에 굶주리고 목마른 자들은 복이 있나니, 그들이 배부를 것임이요, 자비로운 자들은 복이 있나니, 그들이 자비를 얻을 것임이요」(마 5:6,7). 여러분이 하나님의 자비를 얻은 것은 예수님을 믿음으로 인한 것이지 여러분 자신이 자비로워서가 아닙니다.

「마음이 순결한 자들은 복이 있나니, 그들이 하나님을 볼 것임이요, 화평케 하는 자들은 복이 있나니, 그들이 하나님의 자녀라 불릴 것임이요」(마 5:8,9). 신약 교회 시대에 하나님의 아들들이 되려면 어떻게 해야 합니까. 예수 그리스도의 이름을 믿어야만, 즉 그분을 영접해야만 하나님의 아들들이 되는 권세를 주십니다(요 1:12). 그렇다면 성경이 모순이 있는 것입니까. 그렇지 않습니다. 위 구절은 화평케 하는 자가 하나님의 아들이 된다고 말씀합니다. 거짓 목사들, 교황이 화평케 한다고 말하는 것은 거짓입니다.

의가 먼저 오지 않고는 화평이 올 수 없기 때문입니다. 양쪽이 화평하기 위해서는 둘 사이에 속이는 일이 없어야 하고 서로에게 해를 끼치지 않아야 합니다. 그리고 서로에게 잘해 주어야 합니다. 이것이 화평의 원칙일진대 이 세상이 어떻게 화평케 될 수가 있겠습니까. 80억 인구 중 악한 자들이 얼마나 많은데 이 세상이 화평케 됩니까. 악이 있는 가운데 화평을 이룬다고 하는 것은 거짓입니다. 앞으로 적그리스도는 거짓 화평을 가지고 등장할 것입니다. 오늘날 교황이나 거짓 목사들도 "평안하다, 화평하다" 말합니다. 그러나 성경적으로 믿는 목사들은 이 세상에 화평이 없다고 말합니다. 죄악이 있는 악한 현 세상에는 화평이 없습니다. 예수님께서 재림하셔서 악한 세상을 심판하신 뒤, 의가 세워진 후에야 진정한 화평이 오는 것입니다. 그래서 순서가 의와 화평이지, 화평과 의가 아닙니다.

「화평케 하는 자들은 복이 있나니, 그들이 하나님의 자녀라 불릴 것임이요」(마 5:9). 현재 교회 시대에는 화평케 했기 때문에 하나님의 자녀가 되는 것이 아닙니다. 예수님을 구주로 영접하면 구원받고 그리스도의 영적인 몸 안으로 들어갑니다. 본문은 이 땅에 세워지는 물리적인 천국을 말씀하는 것이기 때문에 이 왕국 복음을 그리스도의 복음으로 착각하여 오늘날의 구원론으로 가르치면 많은 사람들을 지옥으로 보내게 됩니다.

「의로 인하여 박해를 받는 자들은 복이 있나니, 천국이 그들의 것임이라」(마 5:10). 이 구절은 의로 인하여 박해를 받아야 천국을 소유한다는 말씀입니다. 여러분은 지금 의로 인해 박해를 받고 계십니까. 물론 세상 사람들로부터 조롱을 당하는 것도 박해이기는 합니다. 그러나 위 구절은 천국을 보장받으려면 의로 인해 박해를 받아야 한다고 말씀합니다. 이렇듯 우리가 전하는 사도 바울의 은혜복음과 예수님께서 가르치신 것 사이에는 엄청난 차이가 있습니다. 기쁩니서 들어가는 것은 하나님의 나라이지 예수님께서 지상에 세우실 왕국이 아닙니다. 두 복음은 이렇게 서로 다른 것인데 너무나 많은 목사들이 왕국 복음을 그리스도의 복음으로 착각하고 있습니다.

마태복음 5,6,7장은 모두 행함에 대한 말씀입니다. 「나는 너희에게 말하노니, 악에 저항하지 말라. 누구든지 네 오른뺨을 때리거든 다른 쪽도 돌려 대라」(마 5:39). 현 시대에 이대로 하는 사람이 어디 있습니까. 악한 자에게 저항을 안 해야 합니까. 강도를 당했을 때, 연쇄 살인범을 만났을 때 반가이 맞아줍니까. 가족을 해치려는 침입자에게 저항하지 않고 가족을 순순히 내어줍니까. 마태복음의 주님의 말씀은 왕국과 관계된 것입니다. 성경적으로 믿는 사람들은 교회 시대에 그렇게 가르치지 않습니다. 악한 자에게 공격을 받아도 저항하지 말라고 가르치지 않는다는 말씀입니다. 그러나 왕국복음과 그리스도의 복음을 구분하지 못하는 목사들이 이 교회시대에도 마태복음 5,6,7장을 지키라고 회중들에게 가르치고 있습니다.

「또 만일 누가 너를 법에 고소하여 너의 웃옷을 빼앗으려 하거든 외투까지도 갖게 하라」(마 5:40). 이것이 구원의 조건이라고 생각해 보십시오. 제가 거짓 목사들에게 가서 옷을 달라고 한다면 그들은 옷을 주기는 커녕 저를 쫓아낼 것입니다. 자신들도 이 구절을 지키지 않으면서 왜 강대상에서 교인들에게는 지키라고 가르치는 것입니까.「또 누구든지 너에게 억지로 일 미리오를 가자고 하거든 이 미리오를 동행해 주라. 너에게 구하는 자에게 주며 너에게 빌리고자 하는 자로부터 돌아서지 말라」(마 5:41,42). 길에서 노숙자들이 마약하려고 돈을 달라고 하거나, 도박에 중독된 사람들이 도박할 돈을 달라고 하면 구하는 자에게 주고 또 빌리고자 하는 자에게 돌아서지 말라고 하셨으니 고민하실 것입니까. 이 구절은 역시 왕국과 관계된 것입니다. 오늘날 교회 시대에 지켜야 하는 구절이 아닙니다.

또 다음 구절은 인본주의자들이 즐겨 사용하는 구절입니다.「너희는 '네 이웃을 사랑하고 네 원수를 미워하라.'고 말한 것을 들었거니와, 나는 너희에게 말하노니, 너희 원수들을 사랑하고, 너희를 저주하는 자들을 축복하며, 너희를 미워하는 자들에게 잘해 주고, 너희를 천대하고 박해하는 자들을 위하여 기도하라」(마 5:43,44). 많은 목사들이 이렇게 하라고 가르치면서 정작 자신은 원수를 사랑하지 않습니다. 사도 바울 서신에는 원수를 사랑하라는 구절이 없습니다. 성경을 잘못 배우면 무지에 빠지게 되는 것입니다. 우리가 마약하는 사람들이나 동성연애자들에게 죄를 지적하면 그들은 "성경은 원수를 사랑하라고 했는데, 저들은 성경도 모르며 사랑도 없다"고 합니다. 성경을 모르는 것은 망하는 지름길입니다. 이것은 악한 자들이 여러분에게 해를 끼치려고 노리고 있는데 어리석은 말과 행동을 하는 것과 같습니다. 미국의 어떤 초선 국회의원은 감옥을 없애야 한다고 주장했습니다. 그는 이것이 원수를 사랑하는 방법이라고 생각했을 것입니다. 성경을 모르면 이렇게까지 어리석게 됩니다. 감옥이 사라지면 연쇄살인범이나 흉악범들이 나와서 계속해서 범죄와 살인을 일삼을 것입니다.

얼마 전에 미국의 한 타운홀에서 여성들의 시민 모임이 있었습니다. 그 중 한 임산부가 일어나 환경이 심각하게 오염되었다고 한탄하더니, 자기 배를 가리키면서 "이 뱃속의 아이가 태어나면 이산화탄소를 더 많이 배출할 것이고, 그렇게 되면 환경에 더 해를 끼치게 되니 아이를 죽여서 먹어야 한다"는 망측한 발언을 했습니다. 그 여성은 스웨덴의 한 과학자의 말을 인용했다고 합니다. 무슨 공상과학 영화에 나온 이야기가 아니라 실제로 뉴스에 보도된 것입니다. 지금은 한두 명이 이런 말을 하지만 시간이 좀 더 지나면 한두 명이 아니라 수백 명, 수만 명이 이런 말을 할 것입니다. 하지만 그들은 환경을 보호할 필요가 없다는 것을 모릅니다. 물론 환경을 고의적으로 훼손하고 자원을 남용하자는 말이 아닙니다. 그러나 주님께서 다시 오실 때 이 세상을 불살라질 것입니다. 이들은 성경을 믿지 않기 때문에 이 세상이 천 년, 만 년 이대로 지속될 것으로 믿고 어떻게 하면 후손들에게 잘 물려줄지를 고민합니다. 우리가 천년 왕국에 들어갈 때 주님께서 세상을 모두 회복시키실 것입니다. 그렇기 때문에 환경보호 운동을 할 필요가 없어지는 것입니다. 성경을 모르면 시대를 모르고 판단을 잘못함으로써 어리석게 될 뿐 아니라 엄청난 죄악에 빠질 수가 있습니다.

현재 환경보호를 주장하며 인구수를 감소시켜야 한다는 자들이 있습니다. 대환란 때에는 그런 자들이 많은 사람들을 죽여 인류의 수가 실제적으로 크게 감소할 것입니다. 그들의 주장은 인간이 없어져야만 땅이 오염되지 않는다는 것입니다. 이것을 대학에서 하나의 정당한 이론으로 가르치고 있습니다. 이스마엘이라는 책에서는 고릴라를 살리려면 인간이 죽어야 된다는 기괴한 주장을 합니다. 세계를 통합하려는 자들은 인구를 줄이려는 목표를 갖고 있고, 그것이 지구를 살리는 유일한 길이라고 믿습니다. 여기서 더 나아가서 어떤 자들은 지구는 이미 희망이 없다며 우주로 나가려고 하고 있습니다. 이런 시도들을 하나님께서 내버려두시겠습니까. 인간이 지구를 죄로 물들이는 데서 그치지 않고 온 우주를 더럽히는 것을 그냥 두시지 않을 것입니다. 하나님께서는 인간에게 지구를 맡기시고 생육하고 번성해서 땅을 다시 채우라고 하셨지 달나라로, 화성으로 가라고 하지 않으셨습니다.

본론으로 돌아와서 마태복음을 잘 읽어보면 모두 행위에 의한 구원을 말하는 것을 알 수 있습니다. 믿음만으로 받는 구원이 아닙니다. 왕으로 오신 예수 그리스도께서 천국이 곧 도래하니 회개하고 천국을 받을 준비를 하라고 전하신 것입니다.

반면에 그리스도의 복음은 예수 그리스도의 십자가 사건을 믿고 예수님을 구주로 영접하는 것입니다. 구원받기 위해서는 먼저 자신이 잘못된 길로 가는 죄인이라는 것을 알아야 합니다. 하나님 앞에 몹쓸 죄인이라는 것을 깨달아야 합니다. 구원받을 수 있는 방법은 단 하나, 죄 문제를 해결하는 것입니다. 그 어떤 노력으로도 지금까지 지은 죄를 사함받을 수가 없습니다. 만일 누군가가 살인을 하고 난 뒤 그 후로는 더이상 아무도 죽이지 않고 착하게 살았다고 해서 그 살인죄가 없어집니까. 많은 이들이 온갖 죄를 다 짓고서 교회에 열심히 나가고 열심히 봉사하면 죄사함 받는 것으로 착각합니다. 그러나 하나님의 구원 방법은 과거, 현재, 미래의 모든 죄를 오직 예수님의 보혈로 깨끗케 해 주시는 것입니다. 그것을 믿으면 됩니다.

이렇게 구원받으십시오

만일 여러분이 지금 구원받기를 원하신다면 먼저 자신이 죄인이라는 사실을 인정하고 회개하십시오. 이제는 내가 예수님을 믿고 바로 살아야겠다는 마음을 가지십시오. 그것이 없이 믿으려 한다면 그것은 머리로만 믿는 것이 됩니다. 진정으로 자신의 죄를 회개하는 사람들은 마음으로 믿게 돼 있습니다.

「네가 네 입으로 주 예수를 시인하고 또 하나님께서 그를 죽은 자들로부터 살리신 것을 네 마음에 믿으면 구원을 받으리라. 이는 사람이 마음으로 믿어 의에 이르고 입으로 고백하여 구원에 이르기 때문이라」(롬 10:9,10).

하나님께서는 구원받을 수 있는 방법을 이렇게 쉽게 마련해 주셨습니다. 주님께서는 여러분을 구원하시기 위해 십자가에서 수모와 고통을 당하셨습니다. 주님께서 피조물들에게 수모를 당하신 이유는 단 하나, 여러분에게 죄사함을 주시기 위해서입니다. 다른 어떤 방법으로도 여러분이 지은 죄를 사함받을 수 없습니다. 오직 고귀한 하나님의 피만이 여러분의 모든 죄를 씻어주실 수 있습니다. 자신이 죄인인 것을 깨닫고 주님께 용서를 구하십시오. 예수님께서 육신으로 오신 주 하나님이신 것을 입으로 시인하고, 또 하나님 아버지께서 그를 죽은 자들로부터 살리신 것을 마음으로 믿으십시오. 하나님께서 이 세상 모든 사람들에게 이렇게 쉬운 구원의 방법을 말씀해 주셨는데도 불구하고, 그리스도의 복음이 무엇인지 모르는 목사들로 인해서 많은 사람들이 행위로 구원받기를 추구하다가 지옥으로 가고 있습니다. 그리스도의 복음은 그리스도께서 가르치신 말씀이 아니라 그리스도께서 십자가에서 죽으셨다가 부활하신 그 사실 자체입니다.

위의 로마서 10장 말씀을 마음으로 믿고 입으로 시인함으로써 구원을 받으시기 바랍니다. 「누구든지 주의 이름을 부르는 자는 구원을 받으리라」(롬 10:13). 누구든지 주님을 부르면 구원을 받을 수 있습니다. 구원의 확신이 없으시다면, 이렇게 기도하십시오.

"하나님 아버지, 저는 죄인입니다. 저의 죄를 용서해 주십시오. 저는 예수님께서 하나님이시며 저의 죄를 위해 십자가에서 피 흘려 죽으셨다가 부활하신 사실을 믿습니다. 저는 지금 예수님을 구주로 영접하오니 지금 제 안에 들어오셔서 지옥으로부터 구원해 주십시오. 구원해 주셔서 감사합니다. 주 예수 그리스도의 이름으로 기도드렸습니다. 아멘."

이렇게 마음으로 믿고 입으로 시인했다면 여러분은 주님께서 하신 약속에 의해 구원을 받은 것입니다. '나는 구원 받았는지 모르겠는데' 하는 것은 의심입니다. 로마서 10:9의 하나님의 약속을 믿지 않는 것입니다. 하나님께서 분명하게 "구원을 받으리라"고 하신 말씀을 100퍼센트 마음으로 믿으십시오. 하나님께서 시인들에게 약속하신 것을 믿으십시오. 죽으면 하늘나라에 갈 수 있다는 확신을 가지십시오. 느낌에 근거한 것이 아니라 로마서 10:9의 약속에 근거한 확신입니다. 죽어서 하나님 앞에 섰을 때 하나님께서 "너는 어떻게 구원받았느냐?"라고 물으신다면 여러분은 이 한 가지만 말씀하면 됩니다. "저는 성경대로 예수님을 구주로 믿고 영접했습니다." 하나님은 거짓말하실 수 없습니다. 구원은 어린 아이들도 받을 수 있을 정도로 쉬운 것입니다. 오늘날 수많은 거짓 목사들이 가르치는 대로 마태복음, 마가복음, 누가복음에 근거해서 그리스도께서 전하신 왕국 복음이 그리스도의 복음이라고 착각하지 말고, 오늘 그리스도를 구주로 영접해서 구원받으시기를 간절히 기도합니다.

?

구원에 관한
문제의 구절들

"행함이 없는 믿음"

오 허황된 사람아, 행함이 없는 믿음은
죽은 것인 줄 네가 알고자 하느냐?

약 2:20

행함이 없는 믿음은
죽은 것인가

「오 허황된 사람아, 행함이 없는 믿음은 죽은 것인 줄 네가 알고자 하느냐? 우리의 조상 아브라함이 자기 아들 이삭을 제단에 드렸을 때, 그가 행함으로 말미암아 의롭게 되지 아니하였느냐? 믿음이 어떻게 그 행함과 더불어 작용하였으며, 믿음이 행함으로 온전케 되었음을 네가 보느냐? 그리하여 "아브라함이 하나님을 믿으니 그것이 그에게 의로 여겨졌느니라."는 성경이 이루어졌고, 그는 하나님의 친구라 불렸느니라. 이제 너희가 알거니와 사람이 행함으로써 의롭게 되는 것이요, 믿음으로만 되는 것이 아니니라. 이와 같이 창녀 라합도 정탐꾼들을 영접하고 다른 길로 그들을 보냈을 때 행함으로써 의롭게 되지 아니하였느냐? 영이 없는 몸이 죽은 것같이 행함이 없는 믿음도 죽은 것이니라」(약 2:20-26).

예수님께서 온갖 수모와 고난을 당하시고 십자가에 달려 돌아가신 이유는 우리 죄인들이 쉽게 구원을 받을 수 있게 하기 위한 것이었습니다. 그러나 성경의 몇몇 구절들이 잘못 해석됨으로써 많은 사람들이 오직 믿음으로만 구원받을 수 있는 은혜의 복음을 모르는 채 종교 생활을 하고 있습니다. 여러 가지 행위를 해야만 구원을 받는다고 잘못 알고 지옥으로 향하고 있습니다. 그런 문제의 구절들 중 하나가 「행함이 없는 믿음도 죽은 것」이라는 본문 구절입니다. 이 구절로 인해서 수많은 사람들이 행위로 인한 구원을 가르칩니다. (오늘날 교회시대를 위한 구원의 복음인 은혜의 복음은 행위로 받는 것이 아니라 오직 믿음으로써 받는 것입니다.)

야고보서 2장은 행함이 없으면 그 믿음은 죽은 믿음이라고 말씀합니다. 많은 목사들이 믿음만으로 구원받을 수 없고 행함이 있어야 한다고 말하는 이유가 이런 구절들 때문입니다. 목사들이 그런 구절들에 대해 잘못 알고, 또 잘못 가르치기 때문에 많은 사람들을 지옥으로 보내고 있습니다. 그런 구절들이 성경 곳곳에 나오는데, 오늘 본문은 그 중 하나입니다. 믿음에 의한 칭의를 주장한 종교개혁자 마틴 루터는 이 구절 때문에 카톨릭 교회로부터 많은 공격을 받은 나머지 야고보서를 불태워버리고 싶다고 말했습니다. 당시 루터는 말씀을 통해 오직 믿음만으로 구원받는다는 교리는 분명하게 깨달았지만 야고보서의 교리까지 정확하게 이해하지는 못했습니다. 하나님께서 인간을 다루시는 방법, 즉 경륜이 시대마다 달라지는 것을 이해하지 못했기 때문입니다. 루터가 믿음만으로 구원을 받는다고 주장하자 로마 카톨릭 교회는 "영이 없는 몸이 죽은 것같이 행함이 없는 믿음도 죽은 것"이라며 반박했습니다.

많은 사람들이 본문 구절을 잘못 이해함으로써 하나님께 대한 열성은 가졌어도 구원을 받지 못하고 지옥으로 가고 있습니다. 사도 바울이 박해의 경고에도 불구하고 예루살렘으로 갔던 이유는 육속 이스라엘 백성에 대한 열정 때문이었습니다. 그들은 하나님께 대한 열성은 있었어도 그 열성이 지식을 따라 된 것이 아니었습니다. 많은 사람들이 열성을 갖고 하나님을 믿으면 하늘나라에 간다고 착각합니다. 이스라엘 사람들도 하나님은 믿지만 예수 그리스도를 구주로 믿지 않기에 지옥에 갑니다. 그렇기 때문에 사도 바울은 그들에게 은혜의 복음을 전하러 예루살렘으로 갔던 것입니다.

단순히 하나님을 믿는다고 해서 구원받는 것이 아닙니다. 신약교회 시대에 구원은 어떻게 받는 것인지를 성경을 통해 올바로 알고 그것을 믿어야 구원을 받습니다. 여호와의 증인들이나 몰몬교도들도 하나님을 믿는다고 말합니다. 그러나 그들은 성경적인 구원론을 믿지 않기 때문에 하나님을 믿으면서도 구원을 받지 못하고 지옥으로 가는 것입니다. 마찬가지로 유대인들도 하나님을 믿고 구약 성경도 믿습니다. 그런 믿음이 있음에도 지옥으로 가는 것입니다. 이렇듯 열성만 갖고 있다고 되는 것이 아니라 그 열성이 하나님의 지식에 따른 것인지가 중요합니다. 야고보서 2장은 문제의 구절입니다. 13개의 바울 서신은 분명하게 믿음으로 말미암아 은혜로 구원을 받는다고 반복해서 말씀하는데 야고보서에서는 완전히 다른 내용을 말씀합니다.

야고보서와 로마서의 확실한 차이

「이제 율법이 말하는 것은 무엇이나 율법 아래 있는 사람들에게 말하는 것인 줄 우리가 아노니 이는 모든 입을 막고 온 세상이 하나님 앞에 죄가 있게 하려 함이니라. 그러므로 율법의 행위로는 그분 앞에 의롭게 될 육체가 없나니 이는 율법을 통해서는 죄의 깨달음이 있음이니라」(롬 3:19,20). 율법의 행위로는 의롭게 될 수 없다고 바울 서신에는 분명하게 나와 있습니다. 오늘 본문 구절과는 완전히 다른 말씀입니다.

「그러나 이제는 율법 없이 하나님의 의가 나타났으니 율법과 선지서들을 통해 증거된 것이니라. 곧 하나님의 의는 예수 그리스도를 믿음으로 인한 것으로 모든 자와 믿는 모든 자에게 미치나니 차별이 없느니라. 이는 모든 사람이 죄를 지었으므로 하나님의 영광에 이르지 못하다가 그리스도 예수 안에 있는 구속을 통하여 그의 은혜로 값없이 의롭게 되었음이라」(롬 3:21-24). 오늘날 구원받는 길은 값없이, 즉 행함 없이 의롭게 되는 것입니다. 행함으로 구원받는다고 생각하면 지옥에 가게 됩니다. 이것이 믿음으로 말미암아 은혜로 받는 구원이며, 이는 바울 서신을 관통하는 주제입니다. 이 믿음은 행함이 없는 믿음입니다. 오늘날 교회 시대에 행함이 있는 믿음은 우리를 구원에 이르게 할 수 없습니다. 이것이 은혜의 복음입니다.

많은 사람들이 행함이 있어야 구원받는다고 생각합니다. 구원에 있어 행함을 의지하는 것은 자신의 의로써 구원받으려고 노력하다가 지옥으로 가는 것입니다. 자신이 아무것도 할 수 없는 죄인이라는 것을 인정해야 합니다. 이것은 늪에 빠져들어가고 있는 사람이 스스로 그 무엇도 할 수 없는 것과 같습니다. 빠져나오려고 몸부림치면 칠수록 더 깊이 들어갑니다. 자신이 무언가를 해야만 구원받는다고 생각하는 것도 이와 마찬가지입니다. 누가 와서 건져주기 전에는 아무것도 할 수 없습니다. 로마서 3장은 스스로의 노력으로는 구원받을 수가 없고, 오직 믿음만으로 구원받는다고 말씀하십니다.

「하나님께서는 그의 피를 믿는 믿음을 통하여 그를 화목제물로 세우셨으니 이는 하나님의 오래 참으심 가운데서 이전에 지은 죄들을 사하심으로 인하여 그의 의를 선포하려 하심이요」(롬 3:25). 「그러므로 우리는 사람이 율법의 행위들이 없이 믿음으로 의롭게 된다고 단정하노라」(롬 3:28). 이것이 결론입니다. 율법의 행위들이 '없이', 이것이 신약 교회시대에 구원받는 방법입니다. 이것을 모르면 아무리 하나님을 열심히 섬기고 하나님에 대해 안다고 하더라고 구원받지 못하고 지옥으로 가게 됩니다. 하나님이 정하신 대로 구원 방법을 믿어야 합니다.

야고보서 2장은 「네가 한 분 하나님이 계심을 믿으니 잘하는 것이라. 마귀들도 믿고 떠느니라」(약 2:19)고 말씀합니다. 이처럼 마귀들도 믿습니다. 그러면 마귀들도 구원받는 것입니까. 아닙니다. 구원을 받으려면 하나님께서 정하신 구원의 방법을 믿어야 하는데, 이 교회 시대를 사는 우리가 어떻게 해야 구원받는지는 로마서에 분명히 나와 있습니다.

하지만 문제는 야고보서 2장에서 말씀하신 것과 로마서 3장에서 말씀하신 것, 둘 사이에 차이가 있다는 사실입니다. 성경에 모순이 있습니까. 아닙니다. 성경에는 오류나 모순이 없습니다. 하나님께서는 거짓말하실 수 없습니다. 야고보서 2장도 진리이고 로마서 3장도 진리입니다. 두 진리가 상반되는 상황을 해결하지 못하기 때문에 많은 목사들은 강대상에서 예수님도 믿고, 행함도 있어야 구원을 받는다고 가르치고 있습니다. 그러나 그것은 값없이 의롭게 되는 방법이 아닙니다.

목사들은 왜 바울 서신의 구절들을 들어 구원을 쉽게 받을 수 있게 해 주는 은혜의 복음을 전하지 않을까요. '믿기만 하고 아무렇게나 살아도 구원을 받고 하늘나라에 가는 것이라면 그것이 무슨 종교인가'라는 인본주의적 생각을 갖고 있기 때문입니다. 그러나 이는 참으로 어리석은 생각입니다. 하늘나라에 가는 조건이 죄를 안 짓는 것이라고 생각하는 것입니다. 자기 자신을 살펴볼 때 죄를 안 짓고 사는 것이 가능한지 자문해 보아야 합니다. 감옥에 가 있는 강간범, 절도범, 살인범들만 죄인이고, 자신 안에 있는 질투, 시기, 미움, 교만, 성냄 등이 죄라는 사실은 모르는 것입니다. 형제를 미워하는 자는 살인자라고 하나님께서는 말씀하십니다. 하나님의 법의 기준이 이처럼 세상 법의 기준과 다른데 그 누가 하늘나라에 갈 수 있겠습니까. 그들이 제시하는 기준으로는 그들 자신도 부적격자일 뿐 아니라 그 누구도 하늘나라에 갈 수 없습니다.

한편 우리는 믿음으로 구원받았다고 해서 아무렇게나 살고 죄를 지어도 된다고 가르치지 않습니다. 진정으로 회개하는 마음을 갖고 예수님을 믿음으로써 구원받은 사람은 그 안에 성령께서 들어오셔서 빛을 주시고 새로운 피조물로 만들어 주십니다. 자기 안에 새로운 사람이 생기는 것입니다. 옛 사람은 그대로 있지만 그 안에 새 사람이 생겼기 때문에 그 새 사람으로 인해 죄로부터 승리할 수가 있습니다. 그러나 선택은 여러분 자신이 해야 합니다. 옛 사람, 즉 아담에 속한 옛 성품을 따라가면 죄를 짓는 것이고, 새 사람을 따라가면 죄를 짓지 않게 됩니다. 그래서 우리는 새 사람을 따라가기 위해서 영적 양식을 먹는 것입니다. 하나님 말씀을 먹을수록 성령으로 충만하고 성령을 따라 행함으로써 죄를 짓지 않을 수 있습니다. 이론적으로는 하루 24시간, 365일 쉬지 않고 새 사람을 따라 살면 죄를 짓지 않고 살 수 있습니다. 그러나 육신을 입고 있고 옛 사람이 아직도 그대로 안에 있기 때문에 그렇게 살기는 어렵습니다.

구원받았을 때 우리의 몸까지 구원받는 것이 아닙니다. 그래서 몸에 질병이 생기고 쇠잔해지고 죽는 것입니다. 몸이 구원을 받았다면 질병에 걸리지도 않고 죽지도 않아야 합니다. 몸의 구속은 부활하신 그리스도의 몸처럼 영광된 몸으로 바뀔 때 일어납니다. 교통사고로 다리를 잃었는데 구원을 받았다고 해서 다리가 다시 자라나는 것이 아닙니다. 질병이 있었는데 구원을 받았다고 다 낫는 것도 아닙니다. 우리의 몸은 아직 구속을 받지 않았습니다. 예수님을 믿을 때 우리 안에 있는 혼이 지옥으로부터 구원을 받습니다. 그래서 죽을 때 몸은 무덤으로 가지만 그 혼은 몸을 떠나서 하늘나라로 갈 수 있는 것입니다. 휴거가 일어나서 들림받을 때까지 몸은 무덤 속에 있는 것입니다. 구원받은 사람이라면 영은 거듭나고 혼은 지옥으로부터 이미 구원을 받았기 때문에 우리의 생명이 다해 몸이 죽을 때 하늘나라에 갑니다. 그러나 그 몸은 구속받지 못했기 때문에 죽어서 땅으로 갑니다. 땅에 있다가 주님이 오셔서 휴거될 때 몸이 부활합니다.

오직 믿음만으로 구원받는다고 하는 것은 잘못되었다고 하는 사람들이 있습니다. 그들이 가장 즐겨 인용하는 성경이 야고보서 2장입니다. 「영이 없는 몸이 죽은 것같이 행함이 없는 믿음도 죽은 것이니라」(약 2:26). 그러면 왜 바울 서신과 야고보서는 이렇게 다른 것일까요.

야고보서의 대상: 대환란 때의 유대인들

첫째, 야고보서의 배경을 이해하는 것이 중요합니다. 야고보서의 첫 구절을 보십시오. 「하나님과 주 예수 그리스도의 종 야고보는 널리 흩어져 있는 열두 지파에게 문안하노라」(약 1:1). 야고보서는 하나님께서 열두 지파, 즉 이스라엘 민족을 대상으로 주신 책입니다. 바울 서신 뒤에 나오는 책이 히브리서와 야고보서입니다. 교회 시대가 끝나면 히브리인들, 즉 유대인들이 다시 등장합니다. 이를 말씀하는 것이 이스라엘의 회복에 대한 예언을 담고 있는 로마서 11장입니다. 주님께서 이스라엘 백성에게 무엇이라고 하시는지 보십시오.

「그 날에 내가 무너진 다윗의 장막을 일으키고 그 틈을 막으리라. 또 내가 그의 패망을 일으켜 옛날처럼 세우리니」(암 9:11).

"옛날처럼" 세운다고 말씀합니다. 주님께서는 하나님의 백성으로서의 이스라엘 민족과의 관계를 완전히 끝내신 것이 아닙니다. 이스라엘은 A.D. 70년에 성전이 파괴된 후 2천 년 동안 떠돌아다니다가 1948년에 다시 국가로 회복되었습니다. 이스라엘 백성은 하나님께 불순종했기 때문에 일시적으로 징계를 받고 흩어졌지만 하나님 말씀은 그들이 다시 회복될 것을 예언하셨습니다.

「또 내가 그의 패망을 일으켜 옛날처럼 세우리니 그들이 에돔의 남은 자와 나의 이름으로 불려지는 모든 이방의 남은 자를 차지하리라. 이 일을 행하는 주가 말하노라. 주가 말하노라. 보라, 그 날들이 이르리니 밭 가는 자가 추수꾼을 앞서며 포도를 밟는 자가 씨 뿌리는 자를 앞서리라. 산들은 단 포도주를 떨어뜨릴 것이요, 모든 작은 산들은 녹으리라. 내가 내 백성 이스라엘의 사로잡힌 자를 다시 데려오리니」(암 9:11b-14a). 거의 2천 년 동안 나라가 없던 이스라엘이었는데 1948년에 다시 나라가 생긴 것입니다. 성경을 모르는 사람들은 모두 이스라엘을 대적하고 팔레스타인을 지지하지만 성경을 알고 성경적으로 믿는 사람들은 이것이 하나님의 섭리라는 것을 알기 때문에 이스라엘을 지지합니다. 성경은 이처럼 세상과 반대되는 것을 말씀합니다. 오늘날 전 세계에서 이스라엘을 지지하는 나라를 찾아보기가 힘듭니다. 국제 연합에 가면 모두 이스라엘에 반대하여 표를 던집니다. 대한민국도 마찬가지입니다. 그러나 오직 미국만 이스라엘을 지지합니다. 미국에는 바이블 빌리버들, 또는 구원받지 않았어도 성경을 아는 사람들이 있기 때문입니다. 그들이 아는 것은 하나님께서 이스라엘을 본토로 다시 데려오셔서 회복시

킨다는 것입니다.

「내가 내 백성 이스라엘의 사로잡힌 자를 다시 데려오리니 그들이 황폐한 성읍들을 세워 그곳에 거주할 것이요」(암 9:14a). 이스라엘 백성이 그곳에 다시 거주할 것이라는 이 말씀은 이미 성취되기 시작했습니다. 「또 그들이 포도원들을 만들어 그 포도주를 마시겠고 그들은 또한 정원들을 만들어 그 열매를 먹으리라」(암 9:14b). 하나님 말씀에 불복종했기 때문에 일시적으로 흩어진 이스라엘은 그 땅에 영원히 심겨질 것입니다.

「내가 그들을 그들의 땅에다 심으리니 그들이 다시는 내가 그들에게 주었던 그들의 땅에서 뽑히지 아니하리라. 주 너의 하나님이 말하노라」(암 9:15). 다윗의 장막을 일으킨다는 아모스 9장의 말씀은 앞으로 있을 천년왕국 때 이스라엘 땅에 다윗의 보좌가 다시 세워지고 재림하신 예수 그리스도께서 그 보좌에 앉아 통치하신다는 예언입니다.

교회 시대에 오직 예수 그리스도를 믿음으로써 구원받은 사람들은 보이지 않는 그리스도의 몸의 지체가 되어 보이지 않는 교회를 이룹니다. 데살로니가전서 4장에서는 주님께서 그 교회를 데리러 다시 오신다고 말씀하셨습니다. 그때 구원받은 사람들이 모두 휴거되어 하늘로 올라갈 것입니다. 그 뒤에는 성경대로 대환란이 오고 이스라엘의 회복이 진행될 것입니다. 성경은 그 기간을 야곱의 고난의 때라고 부릅니다. 하나님은 자신의 시간표대로 모든 것을 진행해 나가십니다. 단지 사람들이 그것을 믿지 않고 그것을 대적할 뿐입니다.

야곱(이스라엘)의 고난의 때

「슬프도다! 그 날이 크므로 어떤 때도 그와 같지 않나니 그 날은 야곱의 고난의 때라」(렘 30:7a). 여기서 "야곱"이란 이스라엘의 열두 지파를 말합니다. 야고보서의 첫머리에는 그 서신이 열두 지파에게 쓴 것이라고 말씀합니다. 따라서 야고보서는 교리적으로 이스라엘 사람들에게 주신 서신임을 알 수 있습니다. 야고보서는 "야곱의 고난의 때"인 7년 대환란을 통과해야 하는 그들에게 필요한 교리를 담고 있습니다. 다니엘서에 나오는 7년 대환란은 이스라엘 백성을 살리기 위해 주시는 기간입니다. 타락한 그들을 회개시키려면 연단과 징계가 필요하기 때문입니다. 그들은 히틀러가 6백만 명의 유대인을 죽였을 때와는 비교도 되지 않을 만큼 무시무시한 징계를 받게 될 것입니다. 그들은 그런 고난을 통과하면서 회개하고 주님께 돌아오게 될 것입니다.

「그러나 그는 그 고난에서 구원을 받으리라」(렘 30:7). 여기서 "그 고난"은 요한계시록에 나오는 7년 대환란입니다. 히브리서와 야고보서는 교회 시대에서 대환란으로 넘어 가는 전환기적 책으로 주어졌습니다. 이를 통해서 하나님께서는 이스라엘 백성에게 대환란이 왔을 때 어떻게 해야 구원을 받고 살아남을 수 있는지를 계시하셨습니다. 교회 시대가 끝난 후인 대환란 때에는 예수님을 믿을 뿐 아니라 자신의 믿음을 끝까지 지켜야 합니다. 따라서 지금 구원받지 않으면 대환란에 들어가서는 구원을 받기가 너무나 힘듭니다.

적그리스도가 통치하는 대환란 때에는 적그리스도의 표를 받으면 구원받을 수 없는데, 그 표가 없으면 사지도 못하고 팔지도 못하게 됩니다. 음식을 사러 갔을 때 표를 요구하기 때문에 표가 없으면 아무것도 살 수 없어 실제로 굶어 죽을 수밖에 없습니다. 그래서 야고보서에서 부자들은 자동적으로 지옥에 가고 가난한 사람들은 왕국의 상속자가 된다고 말씀하는 것입니다. 교회 시대에는 부자도 구원받을 수 있고 가난한 사람도 지옥에 갈 수 있습니다. 그러나 대환란 때에는 그렇지 않습니다. 그때에는 부자와 가난한 사람이 확연하게 나뉩니다. 표를 안 받으면 가난하게 살고 표를 받으면 돈을 손에 쥘 수가 있습니다. 그렇기 때문에 구약에서도 잠언이나 전도서 등에서 부자와 가난한 자를 나누어서 부자는 지옥에 가고, 가난한 사람들은 하늘나라에 간다고 말씀하는 것입니다. 이는 앞으로 올 대환란 시대에 적용되는 교리입니다. 이런 이유로 성경 66권의 모든 말씀과 교리를 모두 오늘날 자신에게 적용했다가는 멸망하는 것입니다.

야고보서 2장과 로마서 3장은 완전히 상반되는 내용이지만 이 두 장은 모두 진리입니다. 그렇다면 이를 어떻게 해석해야 하겠습니까. 신약 교회 시대에는 로마서의 말씀대로 믿음만으로 구원받아야 합니다. 하지만 은혜의 복음을 거절해서 휴거되지 못하고 앞으로 올 무서운 대환란 시대에 남는 자들은 대환란을 통과하면서 믿음과 행위로써 믿음을 끝까지 지켜야만 구원을 받게 됩니다. 이러한 하나님의 구원 방법에 따라 야고보서에서는 행위가 언급되는 것입니다.

「만군의 주가 말하노라. 그 날에 내가 네 목에서 그의 멍에를 꺾고 네 결박을 끊으리니 타국인이 다시는 그로 하여금 그들을 섬기게 하지 아니할 것이며 오히려 그들로 주 그들의 하나님과 내가 그들에게 일으킨 그들의 왕 다윗을 섬기게 하리라」(렘 30:8,9). 이것은 이스라엘 백성에게 일어날 일입니다. 교회가 이 땅에서 들림받은 뒤 펼쳐지는 대환란 때에는 믿음과 행함이 모두 있어야만 구원을 지킬 수 있습니다. 그때에는 도망다니다가 잡히면 순교당하기까지 믿음을 지켜야 합니다.

야고보서는 1:1에 그것이 열두 지파에게 준 서신이며, 또 히브리서는 히브리인들을 대상으로 준 서신임이 명백하게 나와 있습니다. 우리는 유대인이 아닙니다. 율법 시대인 구약 시대에 유대인들은 돼지고기를 먹으면 율법을 어긴 죄로 지옥에 갔습니다. 하지만 지금 여러분 중에 삼겹살을 안 드시는 분은 아마 거의 없을 것입니다. 구약을 읽을 때 돼지고기를 먹으면 구원을 못 받는다고 적힌 부분에서 그것을 자신에게 적용하면 어떻게 되겠습니까. 여러분은 모두 돼지고기, 새우, 랍스터 등을 드실텐데 이는 모두 율법 하에서는 금지된 것들입니다. 이렇게 성경에 나오는 말씀이라고 해서 무조건 모두 자신에게 적용된다고 생각하는 것은 잘못입니다. 야고보서는 믿음과 행함이 모두 있어야 구원받는다고 말씀하고 로마서는 믿음만으로 구원받는다고 분명히 말씀합니다. 이 말씀이 각각 적용되는 교회 시대와 대환란 시대를 나누지 않으면 혼동이 옵니다.

「우리의 조상 아브라함이 자기 아들 이삭을 제단에 드렸을 때,

그가 행함으로 말미암아 의롭게 되지 아니하였느냐?」(약 2:21). 온 세상 민족들이 아브라함을 통해 복을 받게 될 것인데, 그의 자손이 하늘의 별들처럼 많아지리라는 하나님의 말씀을 그가 믿었더니 그것이 그에게 의로 여겨졌습니다. 「그리하여 "아브라함이 하나님을 믿으니 그것이 그에게 의로 여겨졌느니라."는 성경이 이루어졌고, 그는 하나님의 친구라 불렸느니라」(약 2:23). 아브라함은 창세기 15장에서 의롭다 여기심을 받았습니다. 「그를 밖으로 데리고 나가 말씀하시기를 "이제 하늘을 쳐다보고 별들을 셀 수 있다면 그 별들을 세어 보아라." 또 그에게 말씀하시기를 "너의 씨가 이와 같으리라." 하시더라. 아브람이 주를 믿으니 주께서 그것을 그에게 의로 여기셨더라」(창 15:5,6). 의롭게 되었다는 것이 아니라 의로 여기심을 받은 것입니다. 야고보서에서 말하는, 행함으로 말미암아 의롭게 된 것은 15장이 아니라 22장, 즉 이삭을 바칠 때의 일이었습니다. 자손이 없고 나이 많은 아브라함에게 자손이 별들처럼 많을 것이라고 하시자 그는 그 말씀을 믿었고, 그로 인해 믿음의 조상이 되었습니다. 하나님께서 하신 말씀이기 때문에 의심없이 믿은 것입니다.

여러분도 성경을 믿을 때 그렇게 믿으셔야 합니다. 이해가 가지 않더라도 하나님께서 말씀하신 것이니 믿는 것입니다. 하나님께서는 거짓말을 하시지 않습니다. 이해해야 믿는다고 하는 것은 지옥으로 가는 길입니다. 인간이 어떻게 하나님을 완전히 이해할 수 있습니까. 하나님 아버지, 아들 하나님, 성령 하나님, 이 세 분의 인격이 한 분의 여호와 하나님이심을 어떻게 이해하겠습니까.

이 은혜시대에는 '믿어져야' 구원받는 것도 아닙니다. '믿어야' 구원을 받는 것입니다. 믿어질 때까지 기다리다가 정작 지옥에 가서야 믿어서는 안 됩니다. 때는 이미 늦을 것이기 때문입니다. 어린 아이처럼 단순하게 하나님 말씀을 믿으면 됩니다. 어린 아이들은 부모가 말할 때 다 이해가 돼서 믿는 것이 아니라 부모가 말한 것이기 때문에 믿는 것입니다. 이해가 되든 안 되든 믿는 것입니다. 마찬가지로 우리는 하나님께서 말씀하신 것이기 때문에 믿어야 합니다. 우스운 비유로 고래가 요나를 삼킨 것이지만, 만일 성경에 요나가 고래를 삼켰다고 말씀한다면 그것조차 그대로 믿어야 한다는 말씀입니다. 어떤 종파에서는 며칠씩 하는 프로그램에 사람들을 참석시켜 성경 말씀을 이해시키려고 합니다. 그러나 그렇게 하다가 혼들을 지옥으로 보내게 됩니다. 회개하는 마음만 있으면 언제든지 로마서 10:9 한 구절 가지고도 구원받을 수 있습니다. 예수님께서 육신으로 오신 하나님이신 것과 그분이 십자가에서 하신 일을 믿고 그분을 구주로 영접하면 그 자리에서 구원받습니다. 그러나 사탄은 사람들을 지옥으로 보내기 위해 여러 종교와 교단을 만들고 자신의 종들을 써서 혼란스러운 교리들을 퍼뜨립니다.

야고보서 2장에서 언급하는 것은 창세기 22장입니다. 「아브라함이 그의 손을 내밀어 칼을 잡고 그의 아들을 죽이려 하는데」(창 22:10). 이삭을 희생제물로 바치려고 아브라함이 칼을 잡은 것, 이것도 굉장한 믿음입니다. 어떻게 백 살에 낳은 독자를 하나님이 말씀하신 대로 바칠 수가 있습니까. 신약에서는 아브라함이 그렇게 한 이유가 부활을 믿었기 때문이라고 말씀합니다.

「주의 천사가 하늘에서 그를 불러 말하기를 "아브라함아, 아브라함아." 하니, 그가 말하기를 "내가 여기 있나이다." 하더라. 그가 말하기를 "네 손을 아이에게 대지 말고」(창 22:11,12a). 그리고 나서 하나님께서는 13절에서 번제를 위한 숫양을 마련해 주십니다. 야고보서 2:21에 「우리의 조상 아브라함이 자기 아들 이삭을 제단에 드렸을 때」라는 말씀은 창세기 22장을 언급하는 것입니다. 「그가 행함으로 말미암아 의롭게 되지 아니하였느냐?」 정리하면, 아브라함이 하늘의 별들처럼 자손이 많아지리라는 하나님의 말씀을 믿은 15장에서는 의로 여겨진 것이고, 그가 의롭게 된 것은 이삭을 희생제물로 드렸던 22장에서였습니다. 그러나 여러분은 예수 그리스도를 믿었을 때 그 즉시 의롭게 되었습니다. 이것이 아브라함과 여러분이 다른 점입니다.

「그러면 우리의 조상 아브라함이 육신에 관하여 무엇을 얻었다고 말할 수 있으리요? 만일 아브라함이 행위로써 의롭게 되었다면 그에게 자랑할 것이 있겠지만 하나님 앞에서는 없느니라. 성경이 무엇이라고 말하고 있느냐? 아브라함이 하나님을 믿었더니 그것이 그에게 의로 여겨졌느니라. 이제 일하는 사람에게는 그 보수가 은혜로 여겨지지 않고 빚으로 여겨지지만, 행함이 없어도 불경건한 자를 의롭다 하시는 그분을 믿는 사람에게는 그의 믿음이 의로 여겨지느니라」(롬 4:1-5). 그 믿음이 의로 여겨진다고 말씀합니다. 「행함이 없어도 하나님께서 의롭다고 여기시는 사람의 복에 관하여 다윗도 말하였으니 말하기를 "죄악들이 용서받고 죄들이 가려진 사람들은 복이 있고 주께서 죄를 인정하지 아니하실 사람은 복이 있도다."라고 하였느니라」(롬 4:6-8). 아브라함이 의로 여기심을 받은 것을 말씀하는 것입니다.

우리는 어떻습니까. 아브라함과 달리 우리는 십자가 사건을 믿었을 때 의롭게 됩니다. 「그러므로 우리는 사람이 율법의 행위들이 없이 믿음으로 의롭게 된다고 단정하노라」(롬 3:28). 의롭게 여겨지는 것이 아니라 의롭게 되는 것입니다. 예수님의 십자가 사건을 믿고 주님을 영접할 때 다 이루어진 것입니다. 이것이 다른 점입니다. 야고보서를 잘못 설명하면 교회 시대에 사람들을 지옥으로 보내게 됩니다. 「아브라함이 하나님을 믿으니 그것이 그에게 의로 여겨졌다 함과 같으니라. 그러므로 너희는 믿음으로 난 사람들이 아브라함의 자손임을 알라. 성경은 하나님께서 이방인들을 믿음으로 말미암아 의롭게 하실 것을 미리 보고 먼저 아브라함에게 복음을 전파하기를 "네 안에서 모든 민족이 복을 받으리라."고 하였느니라」(갈 3:6-8).

둘째로, 아브라함의 복음과 우리의 복음은 다릅니다. 아브라함의 복음은 "네 안에서 모든 민족이 복을 받으리라."는 것입니다. 복음이란 'good news'인데, 오늘날 우리가 믿는 은혜의 복음은 육신으로 오신 하나님이신 예수 그리스도께서 십자가에서 피 흘려 죽으셨다가 장사되신 지 사흘 만에 부활하셨으며 그분을 영접하는 자는 모두 구원을 받는다는 말씀입니다.

야고보서 2장에 언급되는 또 다른 인물인 창녀 라합에 대해 살펴보겠습니다. 라합 역시 구약 성도이며, 구약 시대에 구원받기 위해서는 믿음만이 아니라 믿음과 행함이 모두 필요했습니다. 「이와 같이 창녀 라합도 정탐꾼들을 영접하고 다른 길로 그들을 보냈을 때 행함으로써 의롭게 되지 아니하였느냐?」(약 2:25). 이 때는 구약 시대이기 때문에 당연히 행함이 있어야 의롭게 됩니다. 욥이 의인이었던 것도 그가 하나님을 믿었을 뿐만 아니라 의롭게 살았기 때문이었습니다. 이렇듯 구약 시대와 교회 시대, 그리고 대환란 시대를 올바로 나누어야 합니다.

대환란 때 성령님의 역사는 구약 때와 거의 비슷합니다. 오늘날 교회 시대에는 구원받을 때 성령님께서 그 사람 안에 오셔서 그를 인치시고 떠나지 않으십니다(엡 1:13). 성령님께서 그 사람 안에 내주하십니다. 그러나 구약 때에는 사울왕의 경우처럼 성령님이 떠나고 악령이 들어올 수 있었습니다. 다윗은 죄를 지었을 때 성령님이 떠나지 않도록 간구했습니다. 구약 시대에는 성령님이 오셨어도 죄를 지으면 떠나셨기 때문입니다. 그와 달리 신약에서는 성령님이 오시면 그 사람을 인치시고 영원히 떠나지 않으십니다. 그러나 교회의 휴거 후 대환란 때에는 예수님을 믿었어도 적그리스도의 표를 받으면 성령님이 떠나시고 그 사람은 지옥으로 가게 됩니다. 그것이 교회 시대와 대환란 때와의 차이입니다. 야고보서 2장에서 예로 언급된 인물들도 신약 교회 시대의 사람들이 아니라 아브라함, 라합 등 행위가 필요했던 구약 성도들인 점을 주목해야 합니다.

이처럼 대환란 때에는 구원을 받으려면 행위가 필요합니다. 대환란 때의 일들이 요한계시록에 나오는데, 그때는 믿음만으로 구원받을 수 없습니다. 「그러자 그 용이 여인에게 분노하여 여인의 씨 가운데 남은 자들, 즉 하나님의 계명들을 지키며 예수 그리스도의 증거를 가진 자들과 싸우려고 나가더라」(계 12:17). 용은 사탄이고 여인의 씨 가운데 남은 자들은 이스라엘의 남은 자들입니다. 대환란 때에는 예수님만 믿고 믿음만으로 구원받는 것이 아니라 하나님의 계명들을 지켜야 합니다. 율법이 다시 등장하는 것입니다. 또 예수 그리스도의 증거를 가져야 합니다. 믿었다가 믿음을 저버리면 그대로 지옥에 가게 됩니다.

「또 그가 짐승의 형상에게 생명을 주는 권세를 받아 그 짐승의 형상으로 말도 하게 하고, 그 짐승의 형상에게 경배하지 아니하는 자는 다 죽이도록 하니라. 그가 모든 자, 즉 작은 자나 큰 자, 부자나 가난한 자, 자유자나 종이나 그들의 오른손이나 이마에 표를 받게 하고」(계 13:15,16). 이것이 적그리스도의 표입니다. 오늘날 적그리스도의 표를 받지 말라고 가르치는 목사들은 모두 혼들을 지옥으로 보내고 있는 것입니다. 적그리스도의 표는 7년 대환란 중간 지점에서 등장합니다. 이처럼 시대를 제대로 나누지 못하면 엉뚱하게 가르치게 됩니다. 안식일을 지키는 사람들도 마찬가지입니다. 안식교에서처럼 안식일을 지킨다고 토요일을 '지키는' 사람들이 있는데, 그것은 율법 시대와 교회 시대를 구분하지 못하는 것입니다.

「그 표나 그 짐승의 이름이나 그의 이름의 숫자를 지닌 사람을 제외하고는 아무도 사거나 팔 수 없게 하더라」(계 13:17). 대환란 때에는 짐승의 표를 받아야만 물건을 살 수 있는데 그 표를 받으면 저주받고 지옥으로 가게 됩니다. 처음에는 예수님을 믿고서 살아가다가 물건을 사거나 팔 수가 없어서 나중에 그 표를 받더라도 마찬가지입니다. 현재 여러분 주변의 가족들, 친지들, 전 세계 80억 인구가 은혜의 복음을 거절하면 앞으로 있을 교회의 휴거 이후에 대환란으로 들어갈 것입니다. 그때는 구원받기가 너무 힘들어집니다. 예수님을 믿을 뿐 아니라 그 믿음을 끝까지 지켜야하기 때문입니다. 뿐만아니라 하나님의 계명 역시 지켜야 합니다. 그때에는 엄청나게 많은 사람들이 순교당할 것입니다.

은혜복음, 왕국복음, 영원한 복음…

요한계시록 14장에서는 또다른 복음이 나옵니다. 이스라엘 백성은 하나님의 계명과 예수 그리스도의 증거를 갖고 대환란을 통과하는데, 이때 이방인들에게는 영원한 복음이 주어집니다.

「또 내가 보니, 다른 천사가 하늘 한가운데로 날아가는데 그가 땅에 사는 자들과 모든 민족과 족속과 언어와 백성에게 전할 영원한 복음을 가지고」(계 14:6). 복음에는 은혜 복음, 왕국 복음, 그리고 영원한 복음이 있으며, 이들은 각각 다른 복음입니다. 오늘날 영원한 복음을 가르치는 목사들이 있는데, 현재 영원한 복음을 전한다면 이것은 행위에 의한 구원의 말씀이기 때문에 사람들을 지옥으로 보내는 것입니다. 영원한 복음은 하나님의 진노가 퍼부어지는 대환란 때 전파됩니다. 「큰 음성으로 말하기를 "하나님을 두려워하며 그분께 영광을 돌리라. 이는 그분의 심판의 때가 이르렀음이라. 하늘과 땅과 바다와 물의 원천들을 지으신 그분께 경배드리라.”고 하더라」(계 14:7). 대환란을 통과하는 이방인들은 하나님을 두려워하고 하나님께 경배드려야 하는데, 이것이 영원한 복음입니다.

성경에는 이렇게 여러 가지 복음이 나오는데 목시들이 이를 구분하지 못하고 복음은 모두 동일한 것으로 가르치는 것이 문제입니다. 그래서 한 번은 믿음으로만 구원받지 못한다며 야고보서 2장을 설교하고, 그 다음에는 로마서 3장을 가지고 믿음만으로 구원받는다고 설교합니다. 그러니 이를 듣는 사람들은 혼동에 빠져 구원을 받을 수가 없습니다. 하루는 예수님도 믿고 세례 받고 교회 열심히 다녀야 한다고 설교하고, 그 다음 주는 예수님만 믿으면 구원받는다 하면서 설교가 매주 달라집니다. 그 말을 듣다 보면 의심이 생겨 구원받을 수가 없습니다. 하나님 말씀을 의심하면 구원받을 수가 없습니다.

야고보서 2장도 진리이고 로마서 3장도 진리이지만, 적용되는 시기가 다릅니다. 전자는 대환란 때의 구원에 대해, 후자는 교회 시대의 구원에 대해 말씀하는 것입니다. 그것을 모르고 행위 구원과 은혜 구원을 혼동하여 잘못 가르치는 목사들은 거짓 목사입니다. 야고보서 2장과 로마서 3장, 갈라디아서 2,3장을 정확하게 설교하지 못한다면 설교를 해서는 안 됩니다. 한 곳은 행위 구원을 가르치고 다른 곳은 믿음으로만 받는 은혜 구원을 가르치기 때문입니다. 어느 시대에 어떤 복음을 가르치는지에 따라서 사람들이 구원을 받기도 하고 지옥으로 가기도 합니다.

여러분이 그동안 혼동에 빠져 있었다면 예수 그리스도께서 하나님이시며 자신의 죄를 위해 십자가에서 피 흘려 죽으셨다가 부활하신 사실을 믿고 그분을 구주로 영접하십시오.

「네가 네 입으로 주 예수를 시인하고 또 하나님께서 그를 죽은 자들로부터 살리신 것을 네 마음에 믿으면 구원을 받으리라. 이는 사람이 마음으로 믿어 의에 이르고 입으로 고백하여 구원에 이르기 때문이라」(롬 10:9,10). 성경 말씀을 어린 아이처럼 있는 그대로 마음으로 믿고 입으로 시인함으로써 지금 이 자리에서 구원받을 수 있습니다. 구원은 아무 행함없이 믿음만으로 받는 것입니다. 하늘나라에 가기 위해서 죄인에게 필요한 것은 완벽한 하나님의 의입니다. 자신이 죄인이며 그 죄를 스스로 해결할 수 없음을 알고 예수 그리스도를 믿을 때 구원을 받고 하나님의 의를 받는 것입니다.

첫째, 예수님께서 주 하나님이신 사실을 믿고 입으로 시인하십시오. 둘째, 하나님 아버지께서 그를 죽은 자들로부터 살리신 것을 마음으로 믿으십시오. 그러면 구원을 받으리라고 하나님께서 약속하셨습니다. 다른 행위는 필요 없습니다. 성경을 많이 알아야 하는 것도 아닙니다. 저는 31살 때 성경을 전혀 모르는 상태에서 로마서 10:9을 어린 아이처럼 믿고 구원받았습니다. 「누구든지 주의 이름을 부르는 자는 구원을 받으리라」(롬 10:13).

이렇게 기도함으로써 주 예수님을 부르고 구원받으십시오.

"하나님 아버지, 저는 죄인입니다. 저의 죄를 용서해 주십시오. 저는 예수님께서 하나님이시며 저의 죄를 위해 십자가에서 피 흘려 죽으셨다가 부활하신 사실을 믿습니다. 저는 오늘 예수님을 구주로 영접하오니 지금 저에게 들어오셔서 지옥으로부터 구원해 주십시오. 구원해 주셔서 감사합니다. 주 예수 그리스도 이름으로 기도드렸습니다. 아멘."

여러분이 어린 아이처럼 로마서 10:9을 마음으로 믿고 입으로 시인하면 구원받는다고 하나님께서 분명하게 약속하셨습니다. 그 약속을 의심할 때 구원받지 못하는 것입니다. 믿겨질 때까지 기다리는 것도 아닙니다. 회개하는 마음으로 예수님을 영접하면 성령께서 들어오셔서 구원해 주시고 새로운 피조물로 만들어 주십니다. 그 어떤 일이 일어난다 해도 한번 받은 구원은 영원히 잃어버리지 않습니다. 오늘이 여러분의 구원의 날이 되시길 간절히 기도합니다.

?

구원에 관한
문제의 구절들

"구원을 온전히 이루라"

그러므로 나의 사랑하는 자들아, 너희가 항상 복종했던
것처럼 내가 있을 때뿐만 아니라 내가 없는 지금도 더욱더
두려움과 떨림으로 너희 구원을 온전히 이루라.

빌 2:12

혼의 구원은
이루어가야 하는 것인가

「그러므로 나의 사랑하는 자들아, 너희가 항상 복종했던 것처럼 내가 있을 때뿐만 아니라 내가 없는 지금도 더욱더 두려움과 떨림으로 너희 구원을 온전히 이루라. 이는 너희 안에서 역사하시는 분은 하나님이시기 때문이니 그분은 너희로 그분의 선한 기쁘심에 따라 뜻을 두고 행하게 하시느니라」(빌 2:12,13).

많은 사람들이 은혜로 받는 구원에 대해 잘 모르고 행함을 통해 구원을 받으려 합니다. 이것은 성경 구절을 잘못 이해했기 때문에 생기는 일입니다. "너희 구원을 온전히 이루라"는 위 구절 때문에 많은 사람들이 행위 구원을 믿고 지옥으로 향하고 있습니다. 오늘 설교를 통해 많은 사람들이 하나님의 구원 계획을 어린 아이와 같은 마음으로 믿어 구원에 이르기를 진심으로 바랍니다.

오늘 본문은 빌립보서 2:12입니다. 본문 말씀을 읽은 많은 사람들이 예수님을 믿음으로써만 구원을 받는 것이 아니라 자신이 구원을 완성해야 한다는 생각을 가질 수도 있습니다. 많은 목사들이 구원은 믿음만으로 받는다고 말하더라도 또 그와 동시에 믿음만으로는 완전하지 않다고 합니다. 그것으로 끝나는 것이 아니라 성화 과정을 통해서 구원을 완성해야 한다고 가르치는 것입니다. 오늘 본문 구절 같은 말씀 때문에 그렇게 가르치는 것입니다. 이 구절만 읽었을 때는 그렇게 들릴 수도 있습니다. 「내가 없는 지금도 더욱더 두려움과 떨림으로 너희 구원을 온전히 이루라.」 사람들은 이 구절에서 걸려 넘어집니다. 예수님을 믿었을 때 구원을 완전히 받는 것이 아니며 온전히 행함으로써 이미 받은 구원을 완성해야 한다고 생각합니다.

그러나 이것은 구원과 성화를 구분하지 못한 것입니다. 구원은 단번에 받은 것이고, 그 이후에 그리스도인으로서의 성화의 과정이 시작됩니다. 우리는 본문을 읽을 때 12절에서 끝나서는 안 되고 13절과 연결해서 보아야 합니다. 「이는 너희 안에서 역사하시는 분은 하나님이시기 때문이니」 이미 하나님께서 안에 계신 것입니다. 즉 이 구절의 대상은 이미 구원을 받은 사람들입니다. 예수 그리스도를 구주로 믿을 때 우리 안에 성령 하나님께서 들어오십니다. 믿지 않는 사람에게 하나님께서 들어가실 리가 없습니다. 따라서 12절에서 끝나서는 안 되고 13절과 연결해서 보아야 합니다.

「너희 안에서 역사하시는 분은 하나님이시기 때문이니 그분은 너희로 그분의 선한 기쁘심에 따라 뜻을 두고 행하게 하시느니라」

(13절). 하나님께서 구원받은 사람들에게 그분의 뜻대로 행하게 하신다는 말씀입니다. 주님께서 우리 안에서 역사하시기 때문에 우리로 하여금 주님의 뜻에 따라 살도록 인도하십니다. 우리가 할 일은 이것을 밖으로 드러내는 것입니다. 영어 킹제임스성경에는 'work out'으로 되어 있습니다. 우리 안에서 주님께서 일하시는 것을 밖으로 드러내라는 말씀입니다. 구원받은 뒤 가만히 있는 것이 아니라 하나님의 뜻대로 행하라는 것입니다. 구원은 단번에 성취되는 것이 아니니 성화의 과정을 통해서 완성해가라는 말씀이 아닙니다.

이와 관련해서 여러 가지 신학적인 이론들이 있습니다. 마귀는 모든 것을 어렵고 복잡하게 만듭니다. 강대상에서든 강의실에서든 말을 어렵게 하는 사람은 실력이 없는 사람들입니다. 그들이 복잡한 용어를 쓰면서 어렵게 말하는 것은 자신들이 명료하게 이해하지 못했기 때문입니다. 반면에 쉽게 설명해 줄 수 있는 교수들이 있습니다. 그들은 설명하고자 하는 개념을 자신이 확실히 이해했기 때문에 듣는 사람에게 알기 쉽게 설명해 줄 수 있는 능력이 있는 것입니다. 오늘 본문과 관련해서도 마찬가지입니다. 많은 신학교에서 이런저런 단어로 이런저런 '주의'를 만들고 그 용어를 설명하는 것이 마치 지식을 전달하는 것인 양 착각하게 만듭니다.

본문의 의미를 간단히 말하면 우리가 예수 그리스도를 믿을 때 하나님께서 우리 안에 들어오시며, 그 후부터는 우리 안에서 역사하시기 때문에 그 역사하시는 것을 밖으로 드러내야 한다는 것입니다. 전혀 어려운 구절이 아닙니다. 그런데 많은 사람들이 이 구절을 듣고서 구원은 예수님을 믿어서 받는 것이지만 그것이 끝이 아니며 구원을 계속해서 완성해나감으로써 구원에 이르러야 한다고 말합니다.

그런 가르침은 결국 예수님을 믿었어도 지옥으로 가는 사람들이 있다고 하는 것과 같습니다. 구원을 잃어버리는 사람들이 있고 구원을 완성하지 못한 사람들이 있다는 것입니다. 그들은 자신들도 이룰 수 없는 종교적인 행위를 강요하는 것입니다. 오늘날 교회 시대가 아닌 다른 시대에 적용되는 구절을 교리로 가르침으로써 쉬운 구원의 길을 막고 있습니다. 구원받은 사람들에게는 자유함이 있어야 합니다. 자신의 의지로 예수님을 영접했다면 자신의 의지를 사용해서 주님의 말씀대로 살면 됩니다. 반면 행위 구원을 가르치는 사람들은 굉장한 압박감을 가지고 삽니다. 구원을 잃어버리지 않고 구원을 완성시키려고 여러 가지 행위들에 속박된 삶을 삽니다. 그렇게 평생을 교회에서 종교생활을 하다가 구원도 받지 못한 채 지옥으로 가는 것입니다. 이것이 많은 한국 교회들의 안타까운 실상입니다. 그런 생활에 무슨 평안이 있겠습니까. 주님께서는 우리에게 풍성한 삶을 주시고 영적인 복을 주려고 하시는데 복을 받기는커녕 과거보다 더욱 얽매인 삶을 삽니다. 여러분은 구원받은 뒤 자유함이 있으십니까. 없다면 여러분의 삶은 잘못된 것입니다. 죄의 속박에서 벗어난 자유함, 마귀의 쇠사슬에서 벗어난 자유함이 있어야 합니다. 이제는 죽어도 하늘나라에 갈 수 있다는 자유함이 있어야 합니다. 그런 자유함이 없이 어떻게 믿음 생활을 할 수 있습니까. 목사들이 오늘 본문 같은 구절을 잘못 가르침으로써 많은 사람들로 하여금 자유함이 없는 종교 생활을 하게 하고 있습니다.

여러분은 구원받을 때 아들이 됩니다. 예수님을 믿을 때 구원을 받고 하나님의 아들이 되는 것입니다. 조금만 성경을 공부하면 어떤 깃이 잘못된 교리인지 알 수 있습니다. 그러나 목시들이 강대상에 서서 말을 하면 그 말이 맞는 것처럼 들리게 됩니다. 하나님의 말씀은 제쳐둔 채 인간의 말만 듣게 됩니다. 우리의 최종적인 권위는 하나님의 말씀입니다. 성경이 말씀하시면 우리는 그대로 믿기만 하면 됩니다. 우리의 머리로 다 이해할 수 없더라도 그대로 믿으면 됩니다. 「그러나 누구든지 그를 영접한 사람들에게는 하나님의 아들들이 되는 권세를 주셨으니, 즉 그의 이름을 믿는 사람들에게니라」(요 1:12). 그리스도의 십자가 사건 이후 하나님의 아들이 되는 방법은 단 하나입니다. 예수 그리스도를 믿는 것입니다. 행함이 없이 믿음으로써 하나님의 아들이 됩니다.

구원을 단번에 받는 것이 아니라 완성해나가야 하는 것이라면, 하나님의 아들이 되었는데 반만 된 것입니까. 성경은 예수님을 영접했을 때 반만 하나님의 아들이 되었다고 말씀하지 않습니다. 사람이 반만 태어날 수 있습니까. 이렇게 아주 희한한 교리가 되는 것입니다. 믿음만으로 하나님의 아들이 되었다면 아들이 어떤 잘못을 저질렀다고 해서 아들이라는 관계 자체가 취소됩니까. 자식이 잘못해서 인연을 끊었다 해도 그 부모의 자식이라는 사실은 달라지지 않습니다. 우리를 아들로 삼으신 것은 영원하신 하나님의 약속입니다. 하나님께서는 예수님을 영접하는 사람에게 하나님의 아들이 되는 권세를 주셨습니다. 하나님의 아들이 되었는데 무언가 잘못했다고 해서 하나님의 아들이 마귀의 아들로 변할 수 없습니다. 구원받기 전에 허물과 죄로 죽었던 우리는 모두 마귀의 자식이었습니다. 우리가 예수님을 믿었을 때 하나님께서 죽었던 우리의 영을 살려 주셨고 우리를 하나님의 자녀로 삼아 주셨습니다.

「예수가 그리스도이심을 믿는 사람은 누구나 하나님께로부터 태어났으며」(요일 5:1a). 누가 하나님께로부터 태어난 사람입니까. 행함이 있는 자입니까. 아닙니다. 예수님께서 그리스도이심을 믿는 사람입니다. 「하나님의 아들을 믿는 자는 자기 안에 그 증거가 있고, 하나님을 믿지 아니하는 자는 하나님을 거짓말쟁이로 만드나니 이는 하나님께서 그 아들에 관하여 주신 증거를 믿지 아니하기 때문이라」(요일 5:10).

예수님께서 오셔서 모든 율법을 다 지키시고 십자가에서 피 흘려 죽으셨다가 부활하신 사실, 그 증거를 믿지 않기 때문에 사람들은 지옥으로 가는 것입니다. 하나님의 말씀에는 예수님께서 십자가에서 하신 일을 믿는 자들에게는 하나님의 아들들이 되는 권세를 주셨다고 기록되어 있는데 그것을 믿지 않는다는 것은 하나님을 거짓말쟁이로 만드는 것입니다. 수많은 사람들이 하나님의 말씀을 믿지 않고 하나님을 거짓말쟁이로 만들면서 자신은 하나님을 잘 믿고 있다고 착각하고 있습니다.

「또 증거는 이것이니, 하나님께서 우리에게 영생을 주신 것과, 이 생명이 그의 아들 안에 있다는 것이라. 그 아들이 있는 자는 생명이 있고 하나님의 아들이 없는 자는 생명이 없느니라」(요일 5:11,12). 이 생명, 즉 영원한 생명은 예수님 안에 있습니다. 예수님을 영접한 사람은 영생이 있고 영접하지 않은 사람은 영생이 없습니다. 성경을 알면 "예수님을 믿을 때에 구원은 받지만 그것이 끝이 아니고 그 구원을 완성시켜야 된다"고 하는 말은 거짓임을 알게 됩니다. 성경에는 그런 말씀이 없습니다. 그것은 빌립보서 2:12 한 구절을 잘못 이해함으로써 만들어진 거짓 교리입니다.

「내가 하나님의 아들의 이름을 믿는 너희에게 이런 것들을 씀은 너희에게 영생이 있음을 알게 하려 함이며, 또한 너희가 하나님의 아들의 이름을 믿도록 하려 함이라」(요일 5:13). 영생은 하나님의 아들을 믿느냐 믿지 않느냐에 달렸습니다. 많은 사람들이 강대상이나 신학교에서 현학적인 신학 용어들을 쓰면서 여러 가지 이론을 펼치며 사람들을 지옥으로 보내고 있지만, 성경이 가르치는 진리는 간단합니다. 그들은 빌립보서 2:12을 오해한 것입니다. 구원은 단번에 받는 것인데도 그들은 계속적으로 이루어가야 한다고 생각합니다.

만일 구원을 어떤 행위로써 받았다면 그 행위를 하지 않으면 구원을 잃어버릴 수 있을 것입니다. 그러나 성경은 우리가 구원받은 것은 행함이 없이 믿음으로 받은 것이라고 말씀합니다. 그런데 어떻게 행함 때문에 그 구원이 상실될 수 있단 말입니까. 앞뒤가 맞지 않습니다. 행함이 없이 오직 믿음으로 구원을 얻었는데 어떻게 나중에는 행함으로 인해서 구원을 잃어버릴 수가 있습니까. 제 친구 중에는 천주교 신자인 의사가 있습니다. 그 친구는 예수 그리스도를 믿었을 때 원죄와 현재까지의 모든 죄는 사함을 받지만 앞으로 지을 죄들은 사함을 못 받는다고 말했습니다. 따라서 의로운 행위가 있어야 한다는 것이었습니다. 그런 것은 사람들의 철학이고 의견이며 누군가에게 잘못 배운 것입니다. 성경에는 그런 말씀이 없습니다. 여러분은 예수님을 믿을 때 하나님의 자녀가 됩니다. 그것으로 끝나는 것이지 자녀가 됐다가 되지 않았다가 하는 것이 아닙니다. 하나님께서는 그런 식으로 인간을 구원하시지 않습니다.

그렇다면 구원을 받은 뒤 어떻게 빌립보서 2:12,13을 이룰 수 있습니까. 첫째는 여러분의 태도입니다. 12절은 "두려움과 떨림으로"라고 말씀합니다. 구원을 받았어도 두려움과 떨림으로 주님을 섬겨야 합니다. 그럴 때에만 하나님께서 주신 구원을 '밖으로 드러낼'(work out) 수가 있는 것입니다.

그렇다면 어떻게 두려움과 떨림이 자유함과 병행될 수 있습니까. 예를 들어보겠습니다. 자녀들에게 아버지를 주신 이유는 아버지를 통해서 하나님을 알 수 있기 때문입니다. 부모가 자녀들에게 무섭게 대할 수 있습니다. 부모는 자녀들을 사랑하기 때문에 징계하고 회초리를 듭니다. 자식이 비뚤게 나가는데 가만히 보고만 있다면 게으르거나 어리석은 부모입니다. 진정으로 자식을 사랑하는 부모는 아이가 나쁜 길로 빠질 때마다 책망하고 말을 듣지 않으면 매를 듭니다. 그것이 올바른 사랑입니다. 그런다고 해서 아이들이 부모를 싫어하지 않습니다. 부모가 아이들을 진정으로 사랑한다면 아이들도 그것을 알고 부모를 존경하며 사랑합니다. 이렇게 사랑과 두려움이 공존할 수 있습니다.

마찬가지로 우리도 하나님을 두려워하면서 동시에 하나님을 사랑할 수 있습니다. 여러분이 가져야 할 자세는 두려움과 떨림으로 구원을 온전히 이루는 것입니다. 주님의 말씀을 듣지 않으면 징계를 받는다는 것을 기억해야 합니다. 아이들이 나쁜 짓을 하다가도 아버지에게 들켜서 야단을 맞으면 다시 한번 생각하게 됩니다.

최근에 감옥을 없애자고 주장하는 의원들이 등장했습니다. 감옥을 없애면 어떻게 되겠습니까. 살인자들이 감옥이 없다면 살인을 더하겠습니까 덜 하겠습니까. 악행을 하려고 생각하다가 잡히면 감옥에 갈 것이 두려워서 주저하게 되는 것입니다. 인간은 죄에 대한 처벌이 두려워 죄를 멀리하게 됩니다. 그런데 감옥을 없애고 형벌을 없애면 어떻게 되겠습니까. 이 세상은 예전에 노아의 홍수 때보다도 더 악으로 가득 차게 될 것입니다.

주님께서 우리 안에 계시기 때문에 두려움과 떨림을 가져야 합니다. 우리가 받은 구원을 밖으로 나타내 보이려면 우리 안에 하나님이 계시다는 것을 알아야 합니다. 우리 몸은 우리 자신이 마음대로 하는 것이 아닙니다. 우리의 몸은 하나님의 성전이기 때문입니다. 자신이 어떤 몸을 가지고 있는지를 알아야 합니다. 「또한, 너희 몸은 너희가 하나님으로부터 받은 바 너희 안에 계신 성령의 전인 것을 알지 못하느냐? 너희는 너희 자신의 것이 아니니라. 너희는 값을 치르고 산 것이니 그러므로 하나님의 것인 너희 몸과 너희 영으로 하나님께 영광을 돌리라」(고전 6:19,20). 여러분의 몸은 여러분의 것이 아닙니다. 성경은 구원받은 사람 안에 성령 하나님께서 거하신다고 말씀하십니다. 그렇기 때문에 여러분의 몸을 잘 간수해야 합니다. 구원받기 전에 술을 마셨는데 구원받은 후에도 계속해서 술을 마실 수는 없는 이유가 이것입니다.

「하나님께서는 이들에게 이방인들 가운데서 이 신비의 영광의 풍요함이 어떠한지를 알리고자 하셨으니 이 신비는 너희 안에 계신 그리스도시요, 곧 영광의 소망이라. 우리가 그를 전파하고, 각 사람을 훈계하며 모든 지혜로 각 사람을 가르침은 각 사람을 그리스도 예수 안에서 온전하게 제시하려는 것이라. 이를 위하여 나도 내 속에서 능력으로 역사하시는 그분의 역사를 따라 수고하며 애쓰노라」(골 1:27-29). 빌립보서 2:12,13과 일맥상통하는 말씀입니다. 주님께서 여러분 안에서 능력으로 역사하십니다.

칼빈주의의 폐해

그런데 이와 연관해서 두 가지 극단적인 사상이 있습니다. 첫째는 칼빈주의입니다. 칼빈주의자들은 위 구절을 읽을 때 하나님께서 사람 안에서 모든 것을 자동으로 역사하신다고 읽습니다. 하나님이 다 이루어 주시고 우리는 가만히 있으면 된다는 것입니다. 인간의 자유 의지는 무시하고 배제한 채 말입니다. 인간은 로봇이고 하나님께서는 뒤에서 게임기 조작하듯 모든 일을 다 조종하신다는 것입니다. 이것이 칼빈주의의 가장 큰 오류입니다. 하나님께서는 인간을 그렇게 만들지 않으셨습니다. 인간에게 자유의지를 주시고 그 자유의지로 무엇을 할지 또는 하지 않을지를 선택하게 만드셨습니다. 자유의지는 하나님께서 인간에게 부여하신 가장 큰 선물입니다. 그 자유를 잘못 사용해서 사탄의 종 노릇하다가 지옥으로 가는 것은 인간의 책임입니다.

그들은 이 구절을 읽을 때 '내 안에서 하나님께서 능력으로 역사하시니 모두 다 알아서 하시겠지' 하고 생각합니다. 어떤 칼빈주의 목사는 자기 아들이 나쁜 짓을 하고 마약 중독이 되어도 하나님께서 선택하신 백성이라면 결국은 하나님께서 들어 쓰신다고 하면서 방관합니다. 성도들의 본이 되어야 할 목사가 자기 자식이 마약을 하고 나쁜 짓을 하는데도 그것을 책망하고 고치려고 노력하지는 못할망정 주님이 다 알아서 하실 거라는 태도입니다. 그렇게 칼빈주의를 철저히 믿다 보면 주위에서 일어나는 모든 일이 하나님에 의해서 미리 짜여진 일이라고 생각합니다. 심지어 자신이 부주의해서 걸어가다가 돌부리에 걸려 넘어져서 머리가 깨져도 하나님께서 어느 날 몇 시에 일어날 일을 예정하셨기 때문에 머리가 깨진 것이라고 말합니다. 철저한 숙명론자가 되는 것입니다. 이런 종류의 숙명론은 인간을 망가뜨리고 어떤 경우에는 자살로까지 이어지게 합니다. 인간의 자유의지를 없애 버리는 것이 칼빈주의의 가장 무서운 폐해입니다.

반면 감리교, 웨슬리안교, 성결교, 은사주의 등 알미니안주의를 믿는 모든 교회들은 우리가 모든 것을 해야 된다고 말합니다. 구원을 유지하는 것도 우리의 행위에 의해서라고 합니다. 칼빈주의의 극단적인 생각은 우리 자신이 아무것도 하지 않아도 하나님이 다 하신다는 것인데, 반대로 알미니안주의의 극단적인 생각은 우리가 모든 것을 다 해야 한다는 것입니다. 하나님을 배제한 채 자기 자신이 모든 것을 하는 것입니다.

성경적인 관점은 우리 안에서 역사하시는 하나님의 능력을 가지고 행하는 것입니다. 하나님의 능력이 역사하지 않으시면 우리는 할 수 없습니다. 우리는 하나님을 의지하고 하나님의 능력에 의지해서 나가서 행해야 합니다. 그럴 때 여러분이 가진 구원을 밖으로 드러낼 수 있습니다. 이 두 가지 극단적인 생각은 마귀가 만든 것입니다. 우리는 칼빈주의나 알미니안주의 같은 어떤 '주의'를 가르치는 것이 아니라 성경이 가르치는 말씀을 가르칩니다.

자유의지를 써서 순종하라

여러분 안에 계신 하나님께서는 여러분이 하나님의 뜻대로 살기를 원하십니다. 그리고 여러분의 안에서 역사하십니다. 그러나 여러분이 자유의지로 그것을 막을 수 있습니다. 하나님께서는 누군가에게 복음을 전할 부담감, 또는 나가서 거리에서 복음을 전파할 열망을 여러분 안에 주실 수 있습니다. 그런데 여러분이 용기가 없거나 게을러서 복음을 전하지 않으면 그것으로 그만입니다. 하나님께서 여러분 안에서 역사하시고 바른 길로 여러분을 인도하시려 할 때, 이것을 따를지 말지는 여러분에게 달려있습니다. 칼빈주의자들처럼 완전히 수동적이 되어서도 안되고 알미니안주의자들처럼 하나님을 배제하고 100% 자신의 의지로만 해서도 안됩니다. 하나님의 능력을 가지고 나가서 여러분이 할 일을 해야 합니다.

모세의 예를 살펴보겠습니다. 출애굽 당시 하나님께서는 모세를 쓰셔서 이스라엘 백성을 이집트에서 데리고 나오려고 하셨습니다. 이것은 하나님의 뜻입니다. 그러나 이것이 하나님의 뜻이라고 해서 이스라엘 백성이 저절로 나오는 것이 아닙니다. 모세를 비롯해서 그 백성들이 자신의 의지로 나와야 합니다. 즉 그들이 행동으로 옮겨야 그 일이 이루어지는 것이지 하나님께서 자동으로 해 주시는 것이 아니라는 말씀입니다. 모세와 모세를 따르던 지도자들이 고생을 하고 여러 고비를 넘겨서 출애굽을 한 것입니다. 물론 하나님께서는 능력을 주셔서 그 과정을 통과하게 하시고 홍해도 갈라지게 하셨습니다. 그러나 홍해를 건너지 않겠다고 하는 사람들이 있었다면 어떻게 되었겠습니까. 이처럼 하나님께서는 원하시지만 우리 자신의 의지로 그 뜻을 거스를 수 있습니다.

하나님께서는 모든 사람이 회개에 이르고 멸망하지 않기를 원하시지만 인간이 이를 거부하면 그것으로 끝입니다. 그래서 많은 혼들이 지옥으로 가는 것입니다. 모든 사람이 구원을 받고 진리의 지식에 이르는 것은 하나님의 뜻이지만 인간은 이를 거부할 수 있습니다. 칼빈주의자들은 하나님의 주권이 절대적이라며 구원에 관한 인간의 의지는 전적으로 타락하여 예수를 믿을 수 없다고 가르칩니다. 그러나 성경의 가르침은 정반대입니다. 여러분 자신이 하나님의 뜻을 행해야 합니다. 여호수아가 약속된 땅을 정복하러 들어갈 때 그 땅을 주시겠다는 하나님의 약속은 이미 있었습니다. 그러나 여호수아가 들어가기 싫다고 안 들어갔다면 어떻게 되었겠습니까. 이스라엘 백성이 그 땅에 들어가지 않았다면 어떻게 되었을까요. 하나님께서는 그들을 로봇처럼 만들어서 들어가게 하시지 않습니다. 즉 하나님께서 뜻하신 바가 있지만 그것을 할지 하지 않을지는 인간에게 달린 것입니다. 마찬가지로 우리 안에서 하나님께서 역사하시지만 나가서 행할지 행하지 않을지는 여러분에게 달렸습니다. 신실한 그리스도인과 그렇지 않은 사람의 차이는 그것 하나뿐입니다. 이를 위해서 여러분은 깨어나야 합니다.

「그러므로 그가 말씀하시기를 "잠자는 자여 깨어라. 그리고 죽은 자들로부터 일어나라. 그러면 그리스도께서 네게 빛을 주시리라."고 하셨느니라. 그러므로 너희가 얼마나 정확히 행하고 있는지 주의하라. 미련한 사람같이 행하지 말고 현명한 사람같이 행하여 시간을 사서 얻으라」(엡 5:14-16b). 이런 모든 명령들은 여러분이 행해야 하는 것입니다. '하나님께서 내 안에 계시기 때문에 자동적으로 다 해 주시겠지' 하고 수동적으로 사는 것은 아무 것도 하지 못하게 만드는 마귀의 계략입니다. 하나님께서 원하시는 것이 무엇인지 알았다면 그것을 실행에 옮길 때 하나님께서 능력과 지혜를 주셔서 그 일을 성취하도록 하십니다. 그러나 자신이 행하지 않으면 아무런 소용이 없습니다. 먼저 하나님께서 여러분 안에 계시다는 것을 알고, 그 하나님께서 여러분이 하나님의 뜻대로 행하기를 원하신다는 것을 알고, 하나님께서 역사하시는 것을 알고 행해야 합니다. 그러기 위해서 여러분은 깨어 있어야 합니다. 영적으로 잠자고 있어서는 안 됩니다. 마귀는 칼빈주의나 알미니안주의 같은 잘못된 교리를 주어서 바르게 행할 생각조차 하지 못하게 만들고, 성경을 조금 아는 사람들은 영적으로 깨어 있지 못하고 잠자게 만듭니다. 여러가지 일들이 일어나게 해서 영적인 생각을 못하게 만듭니다. 괜히 바쁘게 만들어서 시간을 다 뺏기게 만들 수도 있습니다. 영적으로 깨어 있지 못하게 하기 위해 일부러 그렇게 하는 것입니다. 자신이 얼마나 정확히 행하고 있는지 돌아보아야 합니다. 정확하게 옳고 그른 것을 판단해서 자신이 옳은 것을 행하고 있는지, 하나님의 뜻대로 살고 있는지 판단해야 합니다.

「미련한 사람같이 행하지 말고 현명한 사람같이 행하여」(엡 5:15b). 미련하다고 책망하는 것은 성경의 표현입니다. 예수님도, 사도 바울도 어리석음을 책망하셨습니다. 영적인 것에 깨어 있지 않으면 미련한 사람이 되는 것입니다. 그 뒤에 하신 말씀이 무엇인지 보십시오. 「시간을 사서 얻으라」(엡 5:16a). 사탄이 여러분의 시간을 빼앗기 때문입니다. 사탄은 영적인 것을 생각하지 못하고 하나님을 섬기지 못하도록 시간을 빼앗아갑니다. 하루종일 쓸데없는 일에 시간을 다 보내고 주님을 위해 이룬 것은 아무것도 없게 만듭니다. 시간을 사서 얻는 것은 정확하게 판단을 할 줄 알고 정확하게 선택을 하는 사람만이 할 수 있는 것입니다.

그러나 인생을 하는 일없이 헛되이 보내는 사람이 많습니다. 그 이유는 결단을 하지 못해서입니다. 이런 것 같기도 하고 저런 것 같기도 해서 결단을 내리지 못하고 미적대다가 시간만 허비합니다. 바이블 빌리버들은 영적 분별력을 가지고 옳은 것을 분별해서 과단성 있게 결단하고 실행해야 합니다. 시간을 뺏겨서는 안 됩니다. 대부분의 사람들은 사탄에게 속아 결단을 내리지 못하고 허송세월을 보냅니다. 그러다가 그리스도의 심판석에 가면 받을 상급이 아무것도 없을 것 입니다. 그래서 여러분은 깨어 있어야 합니다.

「시간을 사서 얻으라. 이는 그 날들이 악하기 때문이라.」 그 날들이 악하기 때문에 우리는 교회에 나와서 설교를 듣고 주님께 찬양드릴 수 있는 것만 해도 하나님께 감사드릴 줄 알아야 합니다. 하나님의 보호가 아니라면 이 자리에 나올 수도 없기 때문입니다. 저는 매일 아침 눈을 뜨면 '주님께서 오늘 또 나에게 생명을 허락해 주셨구나' 하고 감사의 기도를 드립니다. 하나님께서 보호해 주셨기 때문에 아직까지 숨을 쉴 수가 있는 것입니다. 이 세상이 너무나 악하기 때문에 하나님의 보호가 아니라면 여러분은 제대로 살 수가 없습니다. 사탄이 여러분을 넘어뜨리려 하고 세상의 악한 자들이 여러분에게 상처를 줍니다. 그럼에도 불구하고 여러분이 삶을 영위할 수 있고 주님께 나와서 경배 드릴 수 있는 것은 하나님의 보호하심 때문입니다. 얼마나 감사한 일입니까.

「이로 인하여 너희는 어리석게 되지 말고 주의 뜻이 무엇인지 이해하라」(엡 5:17). 하나님께서는 우리 안에서 역사하시고 우리가 이것을 하나님의 뜻대로 행하기를 원하시는데 우리가 그 뜻을 분별하지 못하면 이를 해 낼 수가 없습니다. 하나님의 뜻을 알아야 허송세월을 보내지 않을 수 있습니다. 하나님의 뜻에 합당하지 않은 모든 일들은 허송세월을 보내게 만드는 것입니다. 그날 그날 하나님 뜻에 합당한 일을 해야 합니다. 직장에서든 집에서든 하나님께서 인도해주시는 그 일을 하면 됩니다.

헌신 - 몸을 산 제물로 드리는 것

「그러므로 형제들아, 내가 하나님의 모든 자비하심으로 너희에게 권고하노니, 너의 몸을 하나님께서 기뻐하시는 거룩한 산 제물로 드리라. 이것이 너희가 드릴 합낭한 예배니라」(롬 12:1). 말로는 주님을 위해서 죽겠노라고 하면서 교회조차 나오지 않는 사람들이 있습니다. 주님께서는 우리에게 죽으라고 하시는 것이 아니라 살아 있는 동안 우리의 몸을 사용해서 복음을 전파하고 다른 사람들을 도와주고 하나님의 사역에 동참하라고 하십니다. 자신을 거룩한 산 제물로 드리겠다는 마음을 가지십시오. 그것이 헌신입니다. 헌신은 다른 것이 아닙니다. 헌신은 구원받자마자 하는 것입니다. '제 몸을 산 제물로 주님께 드립니다. 저를 사용해 주십시오'라고 결심하여 주님께 기도하는 것입니다. 목사나 선교사 같은 사역자가 되는 것만이 헌신이라고 착각해서는 안 됩니다. 자신의 몸을 산 채로 주님께 드리는 것이 헌신이고, 주님의 사역자로 부르심을 받는 것은 그 다음에 올 일입니다. 로마서 12:1에 따라 먼저 헌신하지 않은 사람은 주님께서 결코 사역자로 부르시지 않습니다.

「너희는 이 세상과 일치하지 말고 너희 마음을 새롭게 함으로써 변화를 받아 하나님의 선하시고 기뻐하시고 온전하신 뜻이 무엇인지 입증하도록 하라」(롬 12:2). 이렇게 해야만 하나님의 뜻을 정확하게 알 수 있습니다. 하나님의 선하시고 기뻐하시고 온전하신 뜻이 무엇인지를 알아야 시간을 허비하지 않을 수 있습니다. 하나님의 뜻이 무엇인지 모르는 채 시간을 다 허비하고 나면 아무것도 성취한 것이 없습니다. 그리스도의 심판석에 가서도 상 받을 것이 없을 것입니다. 하나님의 뜻 안에서 행하지 않고 자신의 일만 했기 때문입니다. 여러분은 먼저 몸을 산 제물로 하나님께 드려야 합니다. 또 세상과 일치하지 말고 마음을 새롭게 함으로써 변화를 받아야 합니다. 그것이 여러분이 할 일입니다. 하나님께서 여러분 안에서 역사하시지만 여러분이 해야 하는 일이 있으며 그것을 하는 것은 오롯이 여러분의 몫입니다. 그렇게 할 때에 여러분이 받은 구원을 온전히 밖으로 드러내는 것입니다.

「술 취하지 말라. 그것은 방탕한 것이니 오직 성령으로 충만하라」(엡 5:18). 여러분은 오직 성령의 능력으로만 살 수 있습니다. 성령의 능력으로 살지 않으면 육신의 능력으로 살게 됩니다. 우리는 여전히 육신을 갖고 있기 때문에 육신을 따라갈 수가 있습니다. 그러나 로마서 7장은 육신에 죄가 있다고 말씀합니다. 육신을 좇아가면 죄를 짓는 것이고, 구원받은 사람일지라도 육신을 따라가면 죄를 짓습니다.

바울 서신은 구원론보다 구원 받은 뒤 어떻게 살아야 하는지에 대한 말씀이 더 많습니다. 구원받은 우리가 해야 할 것들이 있기 때문입니다. 대부분의 내용은 그리스도인으로서 어떻게 살아야 하는지에 대해 기록한 것입니다. 칼빈주의자들이 주장하는 바대로 하나님이 안에 계시니 하나님이 모든 것을 다 하신다면 사도 바울은 무엇 때문에 이 모든 것들을 기록했겠습니까. 이것을 해라, 저것을 하지 말라는 명령들을 왜 주었겠습니까. 여러분이 실행해야 하는 것들이기 때문에 준 것입니다. 세상과 일치하지 말아야 하고, 주님의 뜻이 무엇인지 이해해야 합니다. 답은 성경에 모두 있습니다. 여러분은 그렇게 행하기만 하면 됩니다.

그동안 여러분은 육신의 힘으로 살아왔습니다. 그러나 구원받고 난 후 이제는 여러분 안에 계시는 성령 하나님의 능력으로 살아야 합니다. 성령 충만하려면 기도가 필요하고, 자신이 아무것도 아니라는 사실을 항상 깨달아야 합니다. 자기가 높아지면 성령님께서는 역사하시지 않습니다. 성령님께서는 여러분이 낮아질 때 능력으로 채워주십니다. 안에 계신 성령님은 모두에게 동일하십니다. 구원받은 사람이면 누구나 다 성령님을 소유합니다. 그러나 육신이 얼마나 커져 있는지에 따라 성령으로 충만할 수 있고 그렇지 않을 수도 있습니다.

구원 후 시작되는 경주

구원은 믿음으로 말미암아 은혜로 값없이 받았지만 그 이후의 삶은 경주에 비유됩니다. 경주에서 이기는 사람은 상을 받습니다. 사도 바울은 그리스도의 심판석에서 주실 상을 바라보고 끝까지 경주했습니다. 경주에서 이기려면 여러분이 빌립보서 2:12 말씀대로 행해야 합니다. 이기기 위해서 노력해야 합니다. 구원받을 때 여러분은 그리스도의 몸 안으로 들어갑니다. 그러나 그리스도 안에 놓였고 성령 안에 있다고 해서 그것으로 끝이 아닙니다. 그리스도 안에서, 성령 안에서 행해야 합니다. 행함은 여러분에게 달려있습니다. 그럴 때 하나님께서 도와주셔서 목표를 이루도록 해 주십니다. 마귀가 좋아하는 것은 여러분이 수동적인 상태가 되어서 아무것도 하지 않는 것입니다.

예를 들어 직장을 찾을 때 '하나님께서 다 알아서 해주겠지' 하고 생각한다면, 이력서도 보내지 않았는데 원하던 회사에서 전화가 와서 내일 면접하러 오라고 하거나 내일부터 출근하라고 하겠습니까. 절대로 그런 일은 일어나지 않습니다. 하지만 그렇게 믿는 사람들이 있습니다. 나가서 일도 하지 않으면서 하나님이 필요한 것을 다 채워 주신다고 말합니다. 그런 태도는 잘못된 교리에 기인한 것입니다. 목사들이 구원받으면 무조건 하나님이 다 해 주신다고 잘못 가르쳤기 때문입니다. 그런 것은 거짓이며, 그대로 따라서 하다가는 망하게 됩니다. 교회에 다니는 사람들 중 많은 사람이 가정도 파괴되고 사람도 이상하게 변하는 경우가 많습니다. 그 이유는 강대상에서 전해진 말이 거짓이기 때문입니다. 여러분에게는 하나님의 능력을 힘입어 하는 행함이 있어야 합니다. 자신의 힘으로 하는 것이 아니라 하나님을 믿고 하나님께서 주시는 능력과 지혜로 나가서 행하면 됩니다. 그럴 때 하나님께서 그 일을 이루어 주십니다.

사도 바울은 믿음으로 하나님의 의를 얻었지만 그리스도를 얻기 위해서 모든 것을 배설물로 여겼다고 했습니다. 「이는 내가 그를 알고 그의 부활의 능력과 그의 고난의 교제를 알아 그의 죽음의 본을 따르려 함이며」(빌 3:10). 고린도전서 15장에 따르면 구원받은 사람이면 누구나 휴거 때 부활됩니다. 히브리서 11장에서는 더 좋은 부활을 말씀하십니다. 이런 구절들은 우리가 받을 상과 연관이 있는데, 그것은 그리스도의 심판석에서 섰을 때의 일입니다. 더 많은 상을 받는 사람들도 있고 그렇지 않은 사람들도 있을 것입니다. 더 좋은 부활을 얻는다는 것은 두 가지 영생이 있다는 말씀이 아닙니다. 더 좋은 부활을 얻을 수 있는지 여부는 그리스도의 심판석에서 판가름납니다. 구원만 받으면 된다고 생각하십니까. 그리스도의 심판석에 섰을 때 여러분의 계정에 무엇이 남아 있는지 열어본다면 어떻게 되겠습니까. 어떤 사람은 아무것도 남는 것이 없어 수치만 당할 수 있습니다. 사도 바울은 그리스도의 심판석을 위해서 열심히 살았던 것입니다.

우리 앞에 놓인 푯대를 향하여

「내가 이미 이르렀다 함도 아니요, 이미 온전해졌다 함도 아니라. 다만 나는 붙잡으려고 좇아갈 뿐이라. 나 역시 그것을 위하여 그리스도 예수께 붙잡혀 있노라. 형제들아 나는 내가 붙잡은 것으로 여기지 아니하노라. 다만 한 가지 일, 즉 뒤에 있는 것은 잊어버리고 앞에 있는 것들에 손을 뻗쳐 그리스도 예수 안에서 하나님의 고귀한 부르심의 상을 위하여 그 푯대를 향해 좇아갈 뿐이라」(빌 3:12-14). 이것이 그리스도인의 삶입니다. 구원을 받았다면 이제는 그 구원을 밖으로 드러내야 합니다. 육신의 목숨이 다할 때까지 그 푯대를 향해서 정진하며 살아야 합니다. 그것이 사도 바울의 삶이었습니다. 그는 그리스도의 심판석에서 받을 상, 면류관 그리고 유업을 바라보고 달려갔습니다.

천년왕국 때에는 주님께서 우리에게 다스릴 도시를 나누어 주실 것입니다. 므나의 비유에서 주님께서는 종들을 불러 놓고 한 므나씩 나누어 주신 뒤에 나중에 오셔서 한 므나로 열 므나를 남긴 사람에게는 열 성읍을 주시고 다섯 므나를 가져온 사람은 다섯 성읍을 주셨습니다. 그러나 한 므나도 남기지 못한 사람에게는 악한 종이라고 책망만 하셨습니다. 그리스도의 심판석에서 우리에게도 같은 상황이 벌어질 것입니다. 구원을 받았을 때에는 모두 똑같이 한 므나로 시작합니다. 어떤 사람은 열 므나를 벌고 어떤 사람은 다섯 므나를 벌어옵니다. 그런데 열 므나, 다섯 므나, 한 므나를 남긴 사람에게 똑같이 열 성읍을 주면 어떻게 되겠습니까. 그것처럼 불공평한 일도 없을 것입니다. 사회주의, 공산주의에 물든 사람들은 열심히 일해서 상을 더 받는 사람과 게을러서 상을 못 받는 사람을 구별하는 것이 불공평하다고 생각합니다. 게으른 사람이 상을 받는 것과 못 받는 것 중 어느 쪽이 공평한 것입니까. 하나님은 공의의 하나님이십니다. 열심히 일한 사람에게는 더 많은 것을 주시고, 게으름 피우는 사람은 책망하십니다. 그리스도의 심판석에서 모두가 똑같이 상을 받는 것이 공평한 것이 아닙니다. 주일에 나가서 골프만 친 사람과 매주 나와서 예배드린 사람이 똑같은 상을 받는다면 공평한 하나님이 아니실 것입니다.

    육신을 입고 있는 한 우리는 완벽해질 수 없습니다. 우리가 완벽하게 되는 날은 휴거 때, 즉 주님께서 다시 오실 때입니다. 「우리가 이것을 확신하노니 너희 안에서 선한 일을 시작하신 그분께서 예수 그리스도의 날까지 그 일을 완성하시리라」(빌 1:6). 예수 그리스도의 날은 주님께서 오시는 날입니다. 여러분이 휴거되는 때에야 완벽하게 영광스러운 몸, 그리스도의 몸으로 구속받는 것입니다. 예수님을 믿으면 혼은 완전한 구원을 받기 때문에 몸이 죽더라도 그 혼은 하늘나라에 갑니다. 그러나 몸은 부활된 몸을 입을 때까지는 구속받은 것이 아닙니다. 주님이 오실 때에 잠들었던 이들은 부활하고 살아 있는 사람들은 영광된 몸을 입습니다. 우리는 그것을 기다리고 있으며, 그것이 주의 오심이 우리의 소망인 이유입니다. 오직 그때에야 우리는 완벽하게 될 수 있습니다. 그러나 완벽하지 못하다는 것이 게을러지는 핑계가 돼서는 안 됩니다. 사도 바울은 이미 이르렀다 하지 않고 끝까지 푯대를 향하여 달려간다고 했습니다. 우리도 바울처럼 살아야 합니다. 그것만이 우리 안에서 역사하시는 하나님의 능력으로써 여러분의 구원을 밖으로 표출하는 길입니다.

?

구원에 관한
문제의 구절들

"하나님의 나라, 불의한 자, 상속"

불의한 자는 하나님의 나라를 상속받지
못한다는 것을 너희가 알지 못하느냐?

고전 6:9

불의한 자는 하나님의 나라를 상속받지 못하는가

「불의한 자는 하나님의 나라를 상속받지 못한다는 것을 너희가 알지 못하느냐? 속지 말라. 음행하는 자들이나 우상 숭배하는 자들이나 간음하는 자들이나 여자처럼 행세하는 자들이나 남자 동성 연애자들이나 도둑질하는 자들이나 탐욕을 부리는 자들이나 주정뱅이들이나 욕설하는 자들이나 착취하는 자들은 하나님의 나라를 상속받지 못하리라. 너희 가운데도 이런 일을 행하였던 자들이 더러 있었으나 너희가 주 예수의 이름과 우리 하나님의 영으로 씻음을 받았고 거룩하게 되었으며 의롭게 되었느니라. 모든 것이 내게 합법적이나 모든 것이 유익한 것이 아니요, 모든 것이 내게 합법적이나 내가 어떤 권세에도 얽매이지 아니하리라」 (고전 6:9-12).

성경이 가르치는 진리는 은혜 시대인 오늘날 오직 믿음만으로써 구원을 받는다는 것입니다. 그러나 많은 목사들이 위와 같은 구절들을 잘못 해석함으로써 믿음에 더해서 행함이 있어야 구원을 받는다고 잘못 가르치고 있습니다. 본 시리즈를 통해 그런 구절들을 자세히 살펴봄으로써 이를 통해 많은 사람들이 구원을 받고 하나님께서 주시는 영생을 선물로 받게 되기를 간절히 바랍니다. 위 구절을 '성도가 죄를 지으면 지옥에 간다'는 의미로 해석하여 구원론에 대해 혼동을 느끼는 사람들이 많습니다. 구원은 회개하는 마음으로 예수님을 믿으면 즉시 받을 수 있습니다. 그럼에도 불구하고 오늘날 강대상에서 목사들이 명료한 구원 교리를 전하지 못하는 이유는 그들이 오늘 본문 같은 성경 구절들을 제대로 이해하지 못하기 때문입니다.

불의한 자는 하나님의 나라를 상속받지 못한다는 본문 말씀에 의해 예수님을 믿고 구원은 받았지만 죄를 지음으로써 자신이 받은 구원을 유지하지 못하면 지옥에 간다고 믿는 사람들이 많습니다. 10절도 마찬가지입니다. 「도둑질하는 자들이나 탐욕을 부리는 자들이나 주정뱅이들이나 욕설하는 자들이나 착취하는 자들은 하나님의 나라를 상속받지 못하리라.」 "하나님의 나라를 상속받지 못한다"고 했으니 지옥에 간다고 생각하는 것입니다.

첫번째 오해: 하나님의 나라, 천국, 하늘나라

이런 오해가 생기는 이유는 첫째, 하나님의 나라(kingdom

of God)와 천국(kingdom of heaven), 하늘나라(heavenly kingdom)를 구분하지 못하기 때문입니다. 결론부터 말하면 예수님의 초림 이후 예수님을 구주로 믿은 사람이 들어가는 영적인 나라가 하나님의 나라이고, 천국은 주님의 재림 후 지상에 가시적으로 도래하는 물리적인 나라입니다. 또 하늘나라는 구원받고 잠든 성도들이 가는 셋째 하늘입니다.

주님께서는 요한복음 3장에서 거듭나야만 하나님의 나라에 들어갈 수 있다고 하셨습니다. 「예수께서 대답하여 그에게 말씀하시기를 "진실로 진실로 내가 너에게 말하노니, 사람이 거듭나지 아니하면 하나님의 나라를 볼 수 없느니라."고 하시더라」(요 3:3). 여기서 말씀하시는 것은 '하나님의 나라'입니다. 5,6절을 보면 「예수께서 대답하시기를 "진실로 진실로 내가 너에게 말하노니, 사람이 물과 성령으로 태어나지 아니하면 하나님의 나라에 들어갈 수 없느니라. 육신으로 난 것은 육이요, 또 성령으로 난 것은 영이니라"고 하십니다. 주님은 물로 인한 첫 번째 탄생과 성령에 의한 두 번째 탄생을 말씀하십니다. 성령으로 거듭나지 않으면, 즉 죽었던 영이 다시 태어나지 않으면 하나님의 나라에 들어갈 수 없습니다. 이것은 예수 그리스도를 믿을 때에 일어나는 일이며, 주님께서 초림 때에 하신 일에 근거합니다. 주님께서 십자가로 완성하신 구속 사역을 믿고 예수님을 구주로 영접하면 곧바로 하나님의 나라에 들어갑니다. 하나님의 나라는 영적인 나라이기에 눈으로 볼 수 없습니다. 그러나 주님이 재림하셔서 이 땅에 왕국을 세우실 때에는 물리적 왕국인 천국과 영적 왕국인 하나님의 나라가 하나가 됩니다. 그것이 성경이 말씀하는 천년 왕국입니다.

　3절에서는 볼 수 없다고 하시고 5절에서는 들어갈 수 없다고 하십니다. 현재 여러분이 할 수 있는 것은 그 나라에 들어가는 것뿐입니다. 그 나라를 볼 수 있는 것은 나중의 일입니다. 가시적으로 도래하는 왕국에 대해서는 주님께서 승천하시면서 그 왕국을 가져오신다고 마태복음, 누가복음에서 말씀하셨습니다. 우리는 그 왕국을 기다리고 있습니다. 그러나 오늘날 구원받은 이들이 들어가는 나라는 영적인 나라입니다.

　구원받은 사람이 죽으면 어떻게 됩니까. 우리의 혼은 구원을 받았지만 우리의 몸은 구원을 받지 못했기 때문에 죽습니다. 죽어서 혼이 몸을 떠났을 때 죄가 하나라도 있으면 지옥에 가고 하나도 없으면 하늘나라에 가는 것입니다. 예수 그리스도의 보혈로 우리의 혼은 깨끗하게 죄사함을 받았습니다. 그렇기 때문에 죄사함 받은 사람은 누구나 다 죽은 뒤 하늘나라에 갈 수 있습니다. 그 나라는 하늘나라이며, 본문에서 말하는 하나님의 나라가 아닙니다.

두번째 오해: 불의한 자란 누구인가?

　두번째 오해는 "불의한 자"에 대한 것입니다. 본문에서 불의한 자는 구원 자체를 받지 못한 사람들을 말합니다. 구원받은 사람들은 설사 죄를 짓더라도 주님께서 의인으로 간주해 주십니다.「불의한 자는 하나님의 나라를 상속받지 못한다는 것을 너희가 알지 못하느냐?」(고전 6:9a) 불의한 자는 구원을 받지 못한 사람이기에 당연히 하나님의 나라를 상속받지 못합니다. 「속지 말라. 음행하는 자들이나 우상 숭배하는 자들이나 간음하는 자들이나 여자처럼 행세하는 자들이나 남자 동성 연애자들이나 도둑질하는 자들이나 탐욕을 부리는 자들이나 주정뱅이들이나 욕설하는 자들이나 착취하는 자들은 하나님의 나라를 상속받지 못하리라」(고전 6:9b,10). 죄사함을 받지 못했기 때문에 당연한 것입니다.

11절에서는 「너희 가운데도 이런 일을 행하였던 자들이 더러 있었으나」라고 말씀합니다. 여기서 "너희"란 구원받은 사람들을 말합니다. 전에는 그런 일들을 했지만 예수 그리스도를 믿었을 때 성령으로 씻음을 받았고 거룩하게 되었고 의롭게 된 것입니다. 물론 구원을 받았어도 육신을 갖고 있기에 죄를 지을 수 있습니다. 「모든 것이 내게 합법적이나 모든 것이 유익한 것이 아니요」(고전 6:12). 은혜의 시대에 살고 있는 우리는 율법의 저주 아래 있지 않기 때문에 모든 것을 다 할 수 있습니다. 그 어떤 일을 하더라도 구원받은 사람은 지옥에 가지 않습니다.

또한 구원받은 사람들의 삶의 잣대는 율법이 아닙니다. 「모든 것이 내게 합법적이나 내가 어떤 권세에도 얽매이지 아니하리라」(고전 6:12). 어떤 권세에도 얽매여서는 안 되는 것입니다. 여기에는 육신에 얽매이는 것도 포함됩니다. 하나님 외의 다른 어떤 것에 얽매인다면 그것은 죄입니다. 과거에 술을 마셨던 사람이 구원을 받은 뒤에 다시 술을 마신다든지, 육신에 져서 과거에 했던 노름에 다시 빠진다든지 하는 것은 죄를 짓는 것입니다.

물론 로마서 7장 말씀대로 구원받은 사람 안에 있는 속 사람은 그런 일을 하기 싫어합니다. 그러나 아직 구속받지 못한 몸은 죄를 좇아갑니다. 그래서 구원받은 사람 안에서는 옛 사람과 새 사람이 죽는 날까지, 또는 주님이 다시 오셔서 데려가실 때까지 싸움을 하는 것입니다. 성령을 따르는지, 아니면 육신을 따르는지에 따라 죄를 지을지 승리할지가 결정됩니다. 그 어떤 일을 하더라도 지옥에는 가지 않지만 어떤 권세에 매여 있고 술이나 담배, 마약, TV 등 여러 가지에 매여 있다면, 하나님 외에 다른 것을 더 사랑한다면 죄를 짓게 됩니다. 구원받은 사람도 구원받지 않은 사람들이 짓는 모든 죄에 빠질 수가 있습니다. 많은 목사들이 구원받으면 어떠한 죄도 지을 수 없다고 가르치지만 그것은 거짓입니다. 성경은 결코 그렇게 말씀하지 않습니다. 거듭난 속 사람은 죄를 짓지 않지만 여러분 안에는 속 사람만 있는 것이 아니라 겉 사람, 즉 육신이 있습니다. 육신을 좇아가면 죄를 짓게 되어 있습니다.

「이제 육신의 일들은 분명히 나타나나니 곧 간음과 음행과 더러운 것과 음욕과 우상 숭배와 마술과 원수 맺음과 다툼과 질투와 분노와 투쟁과 분열과 이단들과 시기와 살인과 술 취함과 흥청거림과 또 그와 같은 것들이라. 내가 전에 말한 바와 같이 미리 말하노니 그런 짓들을 하는 자들은 하나님의 나라를 상속받지 못할 것이라」(갈 5:19-21). 갈라디아서 5장 전체의 문맥은 성령과 육신의 싸움을 말하는 것인데, 그 대상은 구원받은 사람들입니다.「내가 이것을 말하노니 성령 안에서 행하라. 그리하면 너희는 육신의 정욕을 이루지 아니하리라」(갈 5:16). 즉 구원받은 사람들이 성령 안에서 행하지 않으면 육신의 정욕을 이루게 된다는 말씀입니다.

「육신은 성령을 거슬러 욕심을 부리며 성령은 육신을 거스르나니 이들은 서로 반목하여서 너희가 하고자 하는 것을 하지 못하게 하느니라」(갈 5:17). 구원받은 이들의 삶은 육신과 성령 사이의 싸움의 연속입니다.

구원받은 사람들이 지을 수 있는 이런 죄를 19절에서 "육신의 일"이라 부릅니다.「간음과 음행과 더러운 것과 음욕과 우상 숭배와 마술과 원수 맺음과 다툼과 질투와 분노와 투쟁과 분열과 이단들과 시기와 살인과 술 취함과 흥청거림과 또 그와 같은 것들」(갈 5:19b-21a)이 육신의 일들입니다. 구원을 받았다 할지라도 이런 일들을 할 수가 있다는 것입니다. 여기서 구원받은 사람들이 하나님의 나라를 상속받지 못한다는 것은 무슨 뜻입니까. 지옥에 간다는 뜻이 아닙니다. 여기서 '상속'이라는 단어에 초점을 맞추시기 바랍니다. 구원, 즉 영생은 값없이 주시는 선물이기에 값을 치르지 않고 단지 받기만 하면 됩니다. 그러나 '상속'과 '유업'은 구원받은 후에 어떻게 주님을 섬겼는지에 따라 받는 것입니다. 즉 상속은 행함으로써 얻는 것입니다.「너희가 이것을 알거니와 음행하는 자나 더러운 자나 욕심 많은 자, 곧 우상 숭배자는 누구든지 하나님과 그리스도의 왕국에서 상속받을 것이 없느니라」(엡 5:5).

상속은 구원이 아니라 섬김으로써 받는 유업

위의 구절들을 종합해서 보았을 때 갈라디아서 5:19-21에서 '상속'을 못 받는다는 말씀은 구원받은 뒤 육신적인 일들을 행한 사람들이 하나님의 나라에서 상속을 받지 못하는 것을 말합니다. 지옥에 간다고 말하는 것이 아닙니다. 예수님의 초림 이후에는 예수님을 믿음으로써 영적인 나라에 들어갑니다. 그러나 대환란 끝에 주님께서 재림하신 후에는 이 땅에 실질적인 천년 왕국이 도래하고 그 나라에서 주님께서 통치하실 것입니다. 우리는 훗날 그 나라에 들어갈 것입니다. 요한계시록 20:2을 보십시오.「그가 그 용을 잡으니, 곧 마귀요 사탄인 옛 뱀이라. 그를 천 년 동안 묶어 두니」주님께서 가둬두시기 때문에 사탄은 천 년 동안 활동을 못하게 됩니다.「그를 끝없이 깊은 구렁에 던져서 가두고 그 위에 봉인하여 천 년이 찰 때까지는 민족들을 다시는 미혹하지 못하게 하더라. 그후에는 그가 반드시 잠시 동안 풀려나게 되리라」(계 20:3). 천년왕국 후의 일입니다.

「또 내가 보좌들을 보니, 그들이 그 위에 앉았는데 심판이 그들에게 주어졌더라」(계 20:4a). 주님께서 다시 오실 때 첫째로는 공중에 재림하십니다. 데살로니가전서 4장은 공중에서 우리를 데리러 오신다고 기록하고 있습니다. 우리가 올라가서 주님을 만난 뒤에는 그리스도의 심판석에서 주님께 심판을 받습니다. 많은 사람들이 최후에 단 한 번의 심판, 즉 큰 백보좌 심판만 있다고 생각합니다. 그러나 교회 시대에 구원받은 사람들도 그리스도의 심판석에서 심판을 받습니다(고후 5:10). 천년왕국은 그 뒤에 시작됩니다.

「또 예수에 대한 증거와 하나님의 말씀으로 인하여 목베임을 당한 사람들의 혼들도 보았는데, 그들은 그 짐승에게나 그 형상에게 경배하지 아니하였을 뿐만 아니라 그의 표를 그들의 이마 위에

나 손에도 받지 아니하였더라. 그러므로 그들은 살아서 그리스도와 함께 천 년을 통치하더라」(계 20:4b). 천년왕국에 들어가는 두 번째 그룹은 대환란 때 적그리스도의 표를 받지 않고 그에게 경배하지 않은 사람들, 즉 순교하는 사람들입니다. 대환란 때의 구원은 믿음만으로 받는 것이 아니라 행위로 믿음을 끝까지 지켜야 받을 수 있습니다. 이때 구원받은 이들이 천년 왕국에서 주님께서 철장으로 통치하실 때 주님과 함께 천년을 통치합니다.

「그러나 죽은 자들 가운데서 그 나머지는 천 년이 끝날 때까지 다시 살지 못하리라. 이것이 첫 번째 부활이라. 첫 번째 부활에 참여하는 자는 복되고 거룩하도다. 둘째 사망이 그들을 다스리는 권세가 없고, 오히려 그들이 하나님과 그리스도의 제사장들이 되어 천 년 동안 그와 함께 통치하리라」(계 20:5,6). 교회 시대에 구원받은 사람들이 천년 동안 통치할 때 상속을 받은 사람들이 통치를 하게 됩니다. 주님은 그리스도의 심판석 이후에 여러분에게 유업을 나누어 주셔서 천년왕국에서 다스리게 하십니다. 오늘 본문의 「불의한 자들은 하나님의 나라를 상속받지 못하리라.」는 말씀은 구원받은 사람이 다시 지옥에 간다는 뜻이 아닙니다.

누가복음 19장을 보십시오. 「그들이 이 말씀을 듣고 있을 때 주께서 비유를 하나 더 들어 말씀하시더라. 이는 주께서 예루살렘에 가까이 계시므로 그 사람들은 하나님의 나라가 당장 나타나는 줄로 생각하고 있었기 때문이라」(눅 19:11). 그들은 영적인 하나님의 나라가 실질적으로 이 땅에 도래할 줄 알고 기다렸습니다. 현재 여러분은 영적으로 하나님의 나라에 들어가 있지만 그 나라가 눈으로 보이지는 않습니다. 그 나라를 볼 수 있게 되는 것은 천년 왕국 때입니다.

　하나님의 나라가 실질적으로 눈에 보이게 왔을 때 종들에게 유업을 나누어 주시는 것이 누가복음 19장의 말씀입니다. 「그러므로 주께서 말씀하시기를 "어떤 귀인이 왕국을 받아서 돌아오려고 먼 나라에 가게 되었더라」(눅 19:12). 왕국이 이 땅에 도래합니다. 「그리하여 자기의 종 열 명을 불러 그들에게 열 므나를 주며 말하기를 '내가 올 때까지 장사하라.'고 하였더니 그의 백성이 그를 미워하여 그의 뒤로 소식을 보내어 말하기를 '우리는 이 사람이 우리를 통치하는 것을 원치 아니한다.'고 하더라」(눅 19:13,14). 여기서 그의 백성은 누구입니까? 주님이 초림하셨을 때 주님을 십자가에 못박은 유대인들입니다. 「그 귀인이 그 왕국을 받아서 돌아와 자기가 돈을 준 그 종들을 불러오라고 명하니, 이는 각자가 장사를 하여 얼마나 벌었는가를 알고자 함이더라. 그때 첫 번째 사람이 와서 말하기를 '주여, 주께서 주신 한 므나로 열 므나를 벌었나이다.'라고 하니 그에게 말하기를 '잘하였다, 착한 종아. 네가 아주 작은 일에 신실하였으니 열 성읍을 다스리는 권세를 가지라.'고 하더라」(눅 19:15-17). 주님께서 오셔서 혼자 통치하시는 것이 아니라 여러분과 함께 통치하시는 것입니다. 에스겔 40-48장은 미래에 복원될, 천년 왕국 때의 성전의 모습을 말씀합니다. 이때 주님은 예루살렘 성전에 계시고, 전 세계에서 성읍을 다스리는 일은 주님의 종들이 맡게 됩니다. 이것이 유업을 받는 것입니다.

　누가복음 19장에서 주님은 모두에게 한 므나씩을 주십니다. 이처럼 구원받고 나서 처음에는 모든 사람이 동일하게 시작합니다. 그 후 어떤 사람은 열심히 주님을 섬겨서 열 므나를 법니다. 그랬더니 주님께서 「아주 작은 일에 신실하였으니 열 성읍을 다스리는 권세를 가지라」(눅 19:17b)고 하십니다. 주님과 함께 통치할 때가 되면 좋든 싫든 여러분은 정치가가 되는 것입니다. 「」 다음에 두 번째 사람이 와서 말하기를 '주여, 주께서 주신 한 므나로 다섯 므나를 벌었나이다.'라고 하니 그에게도 이같이 말하기를 '너도 다섯 성읍을 다스리는 자가 되라.'고 하더라」(눅 19:18,19). 이처럼 구원받은 이후에 얼마나 신실하게 주님을 섬겼는지에 따라 사람마다 받는 유업이 다를 것입니다.

「또 한 사람이 와서 말하기를 '주여, 보소서, 주께서 주신 한 므나가 여기 있나이다. 내가 그것을 손수건에 싸서 간직하였나이다. 당신은 엄격한 분이시기에 내가 당신을 두려워하였으니, 당신은 두지 않았던 것에서 취하시고 또 심지 않았던 것에서 거두시는 분이시니이다.'라고 하니 주인이 그에게 말하기를 '악한 종아, 네 입에서 나오는 말로 내가 너를 심판하리라. 너는 내가 두지 않았던 것에서 취하고, 심지도 않았던 것에서 거두는 그러한 엄격한 사람인 줄 알았도다. 그렇다면 너는 어찌하여 내 돈을 은행에 맡기지 아니하였느냐? 그랬더라면 내가 와서 이자와 함께 원금을 청구하였으리라.'고 하더라. 주인이 곁에 서 있던 사람들에게 말하기를 '그에게서 그 한 므나를 빼앗아 열 므나를 가진 사람에게 주라.'고 하니 (그들이 주인에게 말하기를 '주여, 그에게는 열 므나가 있나이다.'라고 하니) '내가 너희에게 말하거니와, 가진 사람은 받을 것이지만 갖지 못한 사람은 가진 것마저도 빼앗기리라」(눅 19:20-26). 이 사람은 유업을 빼앗깁니다. 구원은 받았는데 그저 육신적으로 살았을 뿐 주님을 위해서 아무것도 한 것이 없습니다. 그런 사람은 후에 주님께서 오신 뒤에 정산을 할 때 가진 것마저도 빼앗겨 다스릴 성읍이 없게 됩니다. 그렇다고 지옥에 가지는 않습니다. 단지 유업이 없을 뿐입니다.

「또 내가 왕이 되어 자기들을 통치하는 것을 원치 않는 내 원수들을 여기에 끌어내어, 내 앞에서 죽이라.'고 하더라."고 하시더라」(눅 19:27). 예수님을 믿지 않고 십자가에 못박은 유대인들은 원수들이고 그들은 결국 지옥에 갑니다. 악한 종은 유업은 빼앗길망정 지옥에는 가지 않습니다. 그러나 마태복음 25장에서는 누가복음과 달리 악한 종이 지옥으로 갑니다. 이것을 정확히 모르기 때문에 구원받은 후에 제대로 믿음생활을 하지 않으면 지옥에 간다고 생각하게 됩니다.

「천국은 마치 어떤 사람이 먼 나라로 여행하면서 자기의 종들을 불러 그들에게 자기 재산을 맡기는 것과 같으니라」(마 25:14). 우선 이 구절에서 말씀하는 것은 천국(kingdom of heaven)입니다. 천국은 물리적인 왕국입니다. 하나님은 영이시고 눈으로 볼 수 없지만 하늘(heaven)은 눈으로 볼 수 있습니다. 이렇게 영적인 나라와 물리적인 나라를 분명히 구분해야 합니다.

15절은 물리적인 나라를 말씀하며, 또한 그곳에 들어가는 사람들에 대해서 말씀합니다. 「그가 각자의 능력에 따라 한 사람에게는 다섯 달란트를, 또 한 사람에게는 두 달란트를, 또 다른 사람에게는 한 달란트를 주고 곧 여행을 떠났더라. 그후 다섯 달란트 받은 사람은 가서 그것으로 장사하여 다섯 달란트를 더 벌었고, 마찬가지로 두 달란트 받은 사람도 두 달란트를 더 벌었더라. 그러나 한 달란트 받은 사람은 가서 땅을 파고 자기 주인의 돈을 숨겨 놓았더라. 한참 후에 그 종들의 주인이 와서 그들과 계산을 하였는데, 다섯 달란트 받은 사람은 다섯 달란트를 더 가지고 나와 말하기를 '주여, 주께서 나에게 다섯 달란트를 주셨나이다. 보소서, 그것들 외에도 내가 다섯 달란트를 더 벌었나이다.'라고 하더라. 그의 주인이 그에게 말하기를 '잘하였도다. 착하고 신실한 종아. 네가 적은 일에 신실하였으니 내가 너로 많은 것들을 다스리도록 하리라. 네 주인의 기쁨에 동참하라.'고 하더라. 두 달란트 받은 사람도 나와서 말하기를 '주여, 주께서 나에게 두 달란트를 주셨나이다. 보소서, 그것들 외에도 내가 두 달란트를 더 벌었나이다.'라고 하니, 그의 주인이 그에게 말하기를 '잘하였도다. 착하고 신실한 종아, 네가 적은 일에 신실하였으니 내가 너로 많은 것들을 다스리도록 하리라. 네 주인의 기쁨에 동참하라.'고 하더라. 그 다음에 한 달란트 받은 사람이 나와서 말하기를 '주여, 주께서는 엄격한 분이시라 심지 않은 데서 거두고 뿌리지 않은 데서 모으시는 것을 내가 알았나이다. 그러므로 두려워서 가서 땅 속에 당신의 달란트를 숨겨 놓았나이다. 보소서, 주인님의 돈을 가지소서.'라고 하니 그의 주인이 대답하여 그에게 말하기를 '악하고 게으른 종아, 너는 내가 심지 않은 곳에서 거두고 뿌리지 않은 곳에서 모으는 줄로 알았으니 그렇다면 네가 마땅히 내 돈을 환전상에게 맡겨서 내가 돌아왔을 때 내가 원금을 이자와 함께 받게 해야 했으리라. 그러므로 그에게서 그 한 달란트를 빼앗아 열 달란트를 가진 사람에게 주라. 누구든지 가진 사람은 더 받게 되어 풍성하게 가지게 될 것이요, 가진 것이 없는 사람은 그 가진 것마저도 빼앗기게 되리라」(마 19:15-29).

그런데 그 다음 30절을 잘 보십시오. 「너희는 그 쓸모없는 종을 바깥 흑암에 내어 던지라. 거기서 울며 이를 갈고 있으리라.'고 하더라.」 이와는 달리 누가복음의 악한 종에게는 지옥의 심판이 없습니다. 그 이유는 교회 시대는 오직 믿음으로 말미암아 은혜로 구원을 받는 시대이기 때문입니다. 따라서 구원을 받고 난 뒤에 구원을 잃어버릴 수 없습니다. 그러나 대환란 때는 믿음을 끝까지 지켜야 합니다. 하나님의 계명을 지키고 예수 그리스도를 증거해야 합니다. 따라서 행위 구원의 시대인 대환란 때 자신의 행위를 지키지 않으면 결국 지옥에 가는 것입니다. 누가복음과 마태복음의 차이를 제대로 분별하지 못하면 구원 받고서도 주님을 제대로 섬기지 못하는 사람은 지옥에 간다고 가르치게 됩니다.

그리스도의 심판석 - 구원받은 자들이 심판받는 곳

그러면 우리가 상급과 유업을 받는 곳은 어디입니까. 교회 시대에 구원받은 사람들만 서는 곳, 바로 그리스도의 심판석에서입니다. 「이는 우리 모두가 반드시 그리스도의 심판석 앞에 나아가서 선이든지 악이든지 각자 자기가 행한 것에 따라, 자기 몸으로 행한 것들을 받을 것이기 때문이라」(고후 5:10). 여러분이 구원받았다고 '나는 지옥에 가지 않으니 이제 내 마음대로 살겠다'는 자세로 살아간다면 그리스도의 심판석에서 악한 행위에 대해 심판받아야 합니다. 이 곳은 지옥에 갈지 그렇지 않을지를 심판하는 자리가 아닙니다. 주님께 상을 받을지 빌을 빌을지가 걱정되는 자리입니다.

「선이든지 악이든지 각자 자기가 행한 것에 따라, 자기 몸으로 행한 것들을 받을 것이기 때문이라. 그러므로 우리가 주의 두려우심을 알기 때문에 사람들에게 권유하노라. 그러나 우리가 하나님께 나타내어졌으며, 나는 또 너희 양심에도 나타내어졌으리라고 믿노라」(고후 5:10b,11). 어떤 사람들은 구원받고 나서 하나님의 뜻 즉 말씀과 상관없이 자기 마음대로 살려고 하는데, 그리스도의 심판석에 대해 제대로 안다면 그렇게 살 수가 없습니다. 「그러므로 우리가 주의 두려우심을 알기 때문에」. 주님께서 어떤 벌을 주시는지에 대해서는 성경 어디에도 나오지 않습니다. 우리가 수치를 당할 수 있다거나 우리의 행위가 불로 완전히 타버린다는 말씀, 또는 성도의 의로써 짓는 세마포 옷에 대한 말씀이 성경에 나오기는 하지만 정확히 무엇 때문에 바울이 두려움을 언급했는지는 성경이 말씀하고 있지 않습니다. 그러나 그 심판의 자리가 그리 기쁘고 즐겁기만 한 장소가 아니라는 것은 사도 바울이 한 다음의 기도에서 알 수 있습니다. 「주께서 오네시포로의 집에 자비를 베푸시기를 원하노라」(딤후 1:16a). 자비를 베푸시기를 바라는 이유는 무엇입니까? 「이는 그가 종종 나에게 생기를 돋워 주고, 나의 사슬에 매인 것을 부끄러워하지 아니하였으며」(딤후 1:16b). 사도 바울이 복음을 전하다가 감옥에 갇혀 있을 때 많은 이들은 그것을 부끄러워했지만 오네시포로는 부끄러워하지 않고 그에게 찾아가서 생기를 돋워주었기 때문입니다. 그 일로 인해 바울은 자비를 구하고 있습니다. 「그 날에 주께서 그로 하여금 주의 자비를 얻게 하시기를 원하노라. 그가 에베소에서 얼마나 많은 것들로 나를 섬겼는지 네가 잘 아느니라」(딤후 1:18). "그 날"은 바로 그리스도의 심판석입니다. 두려움으로 서게 될 심판석에서 오네시포로가 주님을 섬긴 일로 인해 자비를 베풀어 주시기를 원한다고 말합니다. 이로 미루어볼 때 그곳은 주님의 자비가 필요한 자리입니다.

그리스도의 심판석에서 여러분이 한 선행만이 아니라 구원받고 나서 육신으로 행한 악한 일들도 다 드러나게 될 것입니다. 따라서 그리스도인은 그리스도의 심판석을 생각하며 살아야 합니다. 이것은 제가 항상 설교하는 바입니다. 어떤 이들은 우리가 행함 없이 믿음만으로 받는 구원을 전하니까 '구원만 받고 나면 아무렇게나 살아도, 무슨 짓을 해도 상관없다'고 믿는 것으로 오해합니다. 구원은 회개하는 마음과 믿음만 있으면 하나님께서 주시는 영생을 값없이 선물로 받는 것입니다. 그러나 구원 후의 삶에 있어서는 늘 그리스도의 심판석을 생각해야 합니다. 구원받은 뒤에 행한 선뿐만 아니라 악까지 모두 주님의 불꽃 같은 눈 앞에서 일대일로 심판을 받습니다. 세상 법정조차도 가기가 두렵고 판사 앞에서 일대일로 얘기하려면 떨리는데 하물며 이 세상을 창조하신 예수 그리스도 앞에 서서 심판을 받는다고 생각해 보십시오. 구원받은 사람들은 빠짐없이 이 심판석에 서야 합니다.

「이제 누구든지 이 기초 위에 금이나 은이나 보석이나 나무나 짚이나 그루터기로 지으면 각 사람의 일한 것이 나타나게 되리니 그 날이 그것을 밝힐 것이라. 이는 그것이 불로써 드러나고 또 그 불은 각 사람의 일한 것이 어떤 종류인지를 시험할 것이기 때문이라. 만일 어떤 사람의 일한 것이 세운 그대로 있으면 그는 상을 받을 것이요, 만일 어떤 사람의 일한 것이 불타 버리면 그는 손해를 당하리라. 그러나 그 자신은 구원을 받게 되지만 불에 의해서인 것처럼 그렇게 되리라」(고전 3:12-15). 이 자리에서 구원은 잃어버리지 않습니다. 대신 그리스도인이 한 행위가 어떤 종류인지를 시험받을 것입니다. 즉 어떤 일의 양이 아닌 질을 보는 것입니다. 어떤 마음으로, 어떤 동기에서, 얼마나 신실하게 했는지를 보는 것입니다.

교인이 수만 명인 교회에서 목회를 했다고 하는 것은 아무 소용이 없습니다. 진리에서 벗어나 세상과 타협하면 사람은 반드시 많이 모이게 되어 있습니다. 싫은 소리는 다 빼고 좋은 얘기만 하면 됩니다. 예를 들어 예수 믿으면 부자 되고 만사 형통하고 병이 낫는다고 하면 사람들이 많이 모이게 됩니다. 그러나 그것은 주님을 배반하는 것입니다. 주님께서 성경을 주신 이유는 성도들을 훈육하고 책망하고 바로잡아 바르게 살게 하기 위함입니다(딤후 3:16). 그런데 목사들이 그런 주님의 말씀에 순종하지 않고 인간적인 지혜와 수단으로 양적인 교세확장만 추구하면 어떻게 되겠습니까. 하나님은 '네가 얼마나 많은 교인들을 모았느냐' 하지 않으십니다. 순수한 동기가 아니라 남에게 보이기 위한 동기로 사역에 임하는 사람들이 많습니다. 그런 일들은 불살랐을 때 나무나 짚이나 그루터기로 모두 불타버리게 됩니다. 우리는 모든 일을 예수님을 사랑하는 마음으로, 그리고 신실함으로 해야 합니다. 이 두 가지가 핵심입니다.

어떤 사람이 교인이 많은 곳에 가면 사업이 잘될 것 같아서 큰 교회를 다니고 있다면, 그 교회에서 아무리 헌금을 많이 내고 열심히 섬긴다고 해도 동기를 보시는 주님께서 어떻게 보시겠습니까. 어떤 마음으로 하는지가 중요한 것입니다.

또 바른 성경을 통해 주님의 뜻대로 주님을 섬겼는지가 중요합니다. 주님의 말씀은 그 어떤 것보다도 중요합니다. 주님께서는 말씀을 자신의 이름보다 높이 두셨습니다. 그 말씀으로 세상을 창조하셨을뿐 아니라 이 지구와 우주의 모든 행성이 질서있게 운행하는 것도 하나님의 말씀이 붙들고 있기 때문입니다(히 1:3). 그런데 기록된 주님의 말씀이 36,000 군데가 변개되었다고 하는데도 아랑곳하지 않고 오히려 1611년에 나온 이래 전 세계에 복음이 전파되는 데 사용된 킹제임스성경을 폄하하는 목사들이 있습니다. 카톨릭 본문에서 나온 <개역한글판성경>을 쓰면서 오히려 <한글킹제임스성경>을 공격합니다. 이는 많은 사람들에게 저주를 가져오는 메시지인 것입니다. 사탄은 하나님 말씀을 변개시키면 사람들에게 생명을 비추는 구원의 말씀에 그림자를 드리우고 혼란을 가져온다는 것을 잘 알고 있습니다.

<킹제임스성경>이 아니면 구원을 받을 수 없다는 말이 결코 아닙니다. 전도지 한 장으로도 구원은 받을 수 있습니다. 복음은 하나님이신 예수님께서 자신의 죄를 위해 십자가에서 죽으셨다가

장사되신 지 사흘만에 부활하신 사실입니다. 그것을 믿으면 구원받는다고 로마서 10:9에서 말씀하십니다. 성경을 전혀 몰라도 그 구절만 100퍼센트 어린 아이처럼 마음으로 믿고 주님을 영접하면 그 자리에서 즉시 구원 받고 죽은 영이 다시 태어납니다.

금이나 은이나 보석으로 쌓지 않고 나무나 짚이나 그루터기로 쌓으면 나중에 불로 태웠을 때 모두 사라져 버립니다. 어떤 이들은 이를 심각하게 생각하지 않습니다. 만일 휴가를 다녀왔는데 돌아와보니 집이 불에 다 타버렸다면 어떻겠습니까. 이 세상에서 갖는 일시적인 소유물이 불에 타도 놀라고 슬퍼할텐데 여러분이 예수님을 믿고 나서 수십 년 동안 섬긴 모든 일이 불로 모두 타 없어지는 것을 목격할 때 어떻겠습니까? 구원은 잃어버리는 것이 아닙니다. 그러나 여러분의 섬김이 불로 타 버리는 수치를 당하게 되는 것입니다. 「만일 어떤 사람의 일한 것이 세운 그대로 있으면 그는 상을 받을 것이요」(고전 3:14). 구원받고 순수한 마음으로 바른 성경으로 바른 교리 위에서 진리를 사랑하는 마음으로 주님을 경배하고, 주님께 드리고, 말씀대로 살고, 신실하게 직장 생활을 하고, 기회를 얻는 대로 주님을 증거했을 때 그리스도의 심판석에서 금, 은, 보석으로 나타날 것입니다.

금은 성경에서 신성을 나타냅니다. 여러분이 예수 그리스도께서 하나님이신 것을 전파할 때마다 금이 쌓이는 것입니다. 은은 구속의 값입니다. 어떻게 하면 구원받는지를 전할 때 쌓이는 것이 은입니다. 보석과 진주는 구원받은 사람들입니다. 여러분이 순수한 동기로 사람들에게 하나님의 구원계획을 전파할 때 이런 보석들을 쌓는 것입니다. 어떤 교회들은 피아니스트, 솔리스트, 방송실 사역자 등에게 월급을 주기도 하지만 우리 교회에서는 거의 모든 분들이 자발적으로 사역에 참여합니다. 그런 것들이 그리스도의 심판석에서 금, 은, 보석으로 나타나는 것입니다. 자신이 어떤 동기로 주님을 섬기고 있는지를 점검해보아야 합니다. 성경에는 그리스도인들이 받는 상과 유업과 연관해서 다섯 가지 면류관이 나옵니다.

다섯 가지 면류관

의의 면류관

「내가 이미 제물로 드려질 준비가 되어 있고, 떠날 때가 이르렀도다. 내가 선한 싸움을 싸우고 달려갈 길을 마치고 믿음을 지켰으니 이후로는 나를 위하여 의의 면류관이 마련되어 있어 의로운 재판관이신 주께서 그 날에 그것을 내게 주실 것이며 또 나뿐만 아니라 그의 나타나심을 사모하는 모든 사람에게도 주실 것이라」(딤후 4:6-8). 주님의 오심, 재림을 기다리는 사람은 모두 받는 것입니다. 이 면류관은 결코 놓쳐서는 안 됩니다. 성경적으로 믿는 여러분들은 주님이 오셔서 여러분을 데려가실 그 날을 사모해야 합니다. 이것은 우리의 소망입니다. 우리의 썩을 몸이 썩지 않을 몸으로 바뀔 때 모든 문제가 해결됩니다. 현재 어떤 문제가 있습니까. 질병, 돈, 가족, 그 어떤 문제이든 휴거 때 다 해결됩니다. 그런데 기다리지 않을 이유가 없지 않습니까.

생명의 면류관

「시험을 견뎌 내는 자는 복이 있도다. 이는 그가 시련을 거친 후에 주께서 자기를 사랑하는 자들에게 약속하신 생명의 면류관을 받을 것이기 때문이라」(약 1:12). 계시록에도 나옵니다. 「너는 고난받게 될 일들을 전혀 두려워하지 말라. 보라, 마귀가 너희 중 몇 사람을 감옥에 던져서 시련을 당하게 하리니 그러면 너희가 열흘 동안 환란을 받으리라. 죽기까지 신실하라. 그러면 내가 네게 생명의 면류관을 주리라」(계 2:10). 대환란 때는 주님을 끝까지 사랑하면 결국 목베임을 당합니다. 적그리스도의 왕국에서 적그리스도의 표를 받지 않으면 순교를 당해야 합니다. 그런 사람들에게 주시는 것이 생명의 면류관입니다.

썩지 않을 면류관

「경기장에서 달리는 사람들이 모두 달릴지라도 한 사람만이 상을 받는 것을 너희가 알지 못하느냐? 그러므로 너희도 상을 얻게 되도록 달리라. 이기려고 애쓰는 사람은 누구나 모든 일에 자제하나니 이제 그들은 썩어질 면류관을 받으려 하지만 우리는 썩지 않을 면류관을 받고자 함이라. 그러므로 내가 그처럼 달리되 불확실하게 하지 아니하며 또 내가 그처럼 싸우되 허공을 치는 자 같이 아니하노라. 내가 내 몸을 억제하여 복종하게 함은 다른 사람들에게 전파한 후에 어떻게 해서든지 내 자신이 버림을 받지 않게 하려는 것이라」(고전 9:24-27). 여기서 버림받는다는 것은 지옥에 간다는 말이 아닙니다. 사역에 동참하다가 그 사역으로부터 버림을 받을 수 있다는 말입니다. 경기장에서 달릴 때 주머니에 무거운 것이 들어 있다면 어떻겠습니까. 그만큼 뒤처지게 됩니다. 남이 얼마나 빨리 뛰는지 돌아보면서 달린다면 역시 그만큼 늦어지는 것입니다. 달릴 때는 오직 앞만 보고 목표만 보면서 달려야 합니다. 남이 무어라 하든 상관하지 않고, 죄에 연루되지 않고 목표를 향해 달릴 때 받는 것이 썩지 않을 면류관입니다.

영광의 면류관

「내가 너희 가운데 있는 장로들에게 권하노니 나도 장로 된 자요, 그리스도의 고난의 증인이며, 또한 장차 나타나게 될 영광에 동참하게 될 자라. 너희 가운데 있는 하나님의 양무리를 치고 돌보되 마지못하여 하지 말고 자원함으로 하며 더러운 이익을 위하여 하지 말고 준비된 마음으로 하며 하나님께서 맡겨 주신 자들을 지배하려 하지 말고 오직 양무리의 본이 되라. 그리하면 목자장이 나타나실 때 너희가 시들지 않는 영광의 면류관을 받으리라」(벧전 5:1-4). 신실하게 목회를 한 목회자들에게 주는 면류관입니다. 여기서 '장로'는 장로교회의 장로가 아닙니다. 성경에서 감독, 장로, 목사는 모두 같은 직분을 일컫습니다. 양 무리를 치는 목회자, 목사를 말합니다.

자랑의 면류관

「우리의 소망이나, 기쁨이나, 자랑의 면류관이 무엇이냐? 그가 오실 때 우리 주 예수 그리스도 앞에 있을 너희가 아니겠느냐?

이는 너희가 우리의 영광과 기쁨이기 때문이라」(살전 2:19,20). 이것은 구령자의 면류관입니다. 사람들에게 복음을 전해서 구원 받게 했을 때 받는 것입니다. 금, 은, 보석과 함께 이 다섯 가지 면류관을 상으로 받을 수 있습니다.

결론적으로, 본문 구절은 구원받은 성도가 육신의 일을 했을 때 지옥에 간다는 말씀이 아닙니다. 지옥에 가고 안 가고는 예수 그리스도를 구주로 영접했는지, 하나님의 아들이 되었는지 여부에 달린 것입니다. 요한복음 1:12은 어떻게 하나님의 아들이 되는지 말씀해 주십니다. 「그러나 누구든지 그를 영접한 사람들에게는 하나님의 아들들이 되는 권세를 주셨으니, 즉 그의 이름을 믿는 사람들에게니라.」 십자가 사건 이후부터 주님이 우리를 데리러 오실 때까지는 이것이 바른 구원론입니다. 많은 목사들이 고린도전서 6장, 에베소서 5장, 갈라디아서 5장을 혼동해서 구원을 받은 뒤에도 죄를 지으면 지옥에 간다고 설교합니다. 오늘 이 설교를 듣는 분들 중에 만일 잘못된 길로 가던 사람이 있다면 진정으로 회개하고 로마서 10:9을 믿으십시오. 그러면 주님께서 구원해 주시겠다고 약속하셨습니다.

「네가 네 입으로 주 예수를 시인하고 또 하나님께서 그를 죽은 자들로부터 살리신 것을 네 마음에 믿으면 구원을 받으리라. 이는 사람이 마음으로 믿어 의에 이르고 입으로 고백하여 구원에 이르기 때문이라」(롬 10:9,10). 거짓말하실 수 없는 주님의 말씀을 믿고 구원받으시기를 간절히 기도합니다.

?

구원에 관한
문제의 구절들

"죄를 짓지 아니하나니"

하나님께로부터 태어난 사람은 누구나 죄를 짓지 아니하나니 이는 하나님의 씨가 그 사람 안에 거함이요, 또 죄를 지을 수 없는 것은 그가 하나님께로부터 태어났기 때문이라.

요일 3:9

거듭난 자는
죄를 짓지 않는가

「하나님께로부터 태어난 사람은 누구나 죄를 짓지 아니하나니 이는 하나님의 씨가 그 사람 안에 거함이요, 또 죄를 지을 수 없는 것은 그가 하나님께로부터 태어났기 때문이라」(요일 3:9).

많은 사람들이 위 구절을 거듭난 자는 삶 속에서 결코 죄를 짓지 않는다는 뜻이라고 생각합니다. 이 구절을 정확하게 이해하지 못함으로써 죄가 없어야 구원받는다는 행위 구원을 가르치기도 하고, 속칭 '구원파'에서 가르치는 것처럼 구원을 받은 사람은 죄를 짓지 않는다고 말하기도 합니다. 구원파에서는 "당신은 죄가 있습니까?"라고 질문을 하고, 구원은 받았어도 여전히 죄를 짓는다고 대답하면 그럼 "당신은 구원받지 못했습니다"라고 말하니다. 또 칼빈주의에서는 '성도의 견인'을 주장하여 구원을 받은 사람은 거룩한 행함으로 구원을 끝까지 지킨다고 가르칩니다. 알미니안주의에서는 구원받은 뒤에도 죄를 지으면 구원을 잃어버리고 지옥에 간다고 가르칩니다. 또한 현재 한국 교계에 퍼져 있는 워치만 니의 서적들은 몸, 혼, 영에 대한 잘못된 교리를 가르쳐 많은 이들을 오도하고 있습니다. 이런 잘못된 가르침들은 모두 오늘 본문과 같은 구절들을 잘 모르기 때문에 생긴 것입니다. 이로 인해 많은 이단 교리가 나왔고, 쉬운 은혜의 복음이 막히고 있습니다.

본문 구절은 자칫 '구원받은 자는 죄를 짓지 않는다'라고 잘못 결론지을 수 있게 하는 구절입니다. 「하나님께로부터 태어난 자는 누구나 죄를 짓지 아니하나니 이는 하나님의 씨가 그 사람 안에 거함이요, 또 죄를 지을 수 없는 것은 그가 하나님께로부터 태어났기 때문이라.」 거듭나면 죄를 짓지 않는다고 하는 구원파, 칼빈주의, 알미니안주의 등은 오늘 본문 구절 같은 성경 구절을 근거로 제시합니다. 그러나 사탄도 예수님을 시험할 때 성경 구절을 인용했던 것을 기억해야 합니다. 하나님 말씀을 인용해야 듣는 사람이 속기 때문입니다. 죄가 있으면 구원받은 것이 아니라고 가르치는 것은 구원을 받지 못하도록 만들거나 구원받았어도 구원의 확신을 갖지 못하고 살게 만드는 것입니다. 오늘 다루는 주제는 매우 중요한 것이므로 관련 구절들을 하나씩 깊이있게 다룰 것입니다. 자세히 숙지해서 이 교리를 정확히 이해하시기 바랍니다.

요한일서의 저자인 요한이 1장에서는 어떤 말을 했는지 보십시오. 1장에서도 분명히 동일한 저자가 말을 하는 것입니다. 성경이 왜 이렇게 말씀하는지를 살펴보는 것이 성경을 공부하는 올바른 자세입니다. 그런 것이 없이 무조건 거듭난 자는 죄를 짓지 않는다고 하면 결국 이단 교리를 가르치게 됩니다.

「그러나 그분이 빛 가운데 계신 것같이 우리도 빛 가운데 행하면 우리가 서로 간에 교제가 있게 되고, 그의 아들 예수 그리스도의 피가 우리를 모든 죄에서 깨끗하게 하시느니라. 만일 우리가 우리에게 아무 죄도 없다고 말하면 우리 자신을 속이는 것이요, 진리가 우리 안에 있지 아니하나」(요일 1:7,8). 구원파에서 자주 던지는 "당신은 죄가 있습니까."라는 질문에 죄가 없다고 하는 것과 있다고 하는 것 중 어느 쪽이 옳은 답이겠습니까. 8절을 잘 보십시오. 죄가 없다고 하면 우리는 거짓말쟁이라고 분명하게 말씀합니다. 이 구절에 따르면 구원파는 거짓말쟁이라는 것입니다. 그렇다면 요한일서 3:9과 1:8 사이에 모순이 있는 것입니까. 하나님 말씀에는 결코 모순이 없습니다. 그렇다면 요한일서 1장 8-10절과 그 뒤 3장은 왜 다른지를 질문해 보는 것이 상식이 있는 사람의 반응일 것입니다. 그러나 사람들은 그렇게 반응하는 대신 요한일서 1장은 구원받지 못한 사람을 말하는 것이라고 단정 지어 버립니다.

「우리가 우리 죄들을 자백하면 그는 신실하시고 의로우셔서 우리 죄들을 용서하시며, 모든 불의에서 우리를 깨끗하게 하시느니라. 만일 우리가 죄를 짓지 아니하였다고 말하면 우리는 그분을 거짓말쟁이로 만드는 것이요, 그분의 말씀이 우리 안에 있지 아니하니라」(요일 1:9,10). 여기서 "우리"란 누구를 말합니까. 구원받은 사람입니까, 구원받지 않은 사람입니까. 당연히 구원받은 사람을 말하는 것입니다. 구원을 받았기 때문에 그분의 말씀이 안에 있는 것입니다. 오히려 자신은 죄가 없다고 말하는 사람이 그 안에 말씀이, 진리가 없는 것입니다. 즉 죄가 없다고 주장하는 구원파는 하나님 말씀이 없는 것이고 자신에게 죄가 있다는 것을 인정하는 사람은 그 안에 말씀이 있는 것입니다. 「만일 우리가 죄를 짓지 아니하였다고 말하면 우리는 그분을 거짓말쟁이로 만드는 것이요, 그분의 말씀이 우리 안에 있지 아니하니라」(요일 1:10). 성경은 자기 안에 말씀이 있는 사람은 자신이 죄인임을 알며, 비록 구원은 받았어도 죄를 지을 수 있다고 분명하게 말씀합니다. 자신에게 죄가 없다고 우긴다면 그것은 하나님을 거짓말쟁이로 만드는 것이요 그분의 말씀이 그 안에 없는 것입니다.

「나의 어린 자녀들아, 내가 이런 것들을 너희에게 쓰는 것은 너희로 죄를 짓지 않게 하려는 것이라. 그러나 만일 누가 죄를 지으면」(요일 2:1). "죄를 지으면"이라고 했습니다. 이것은 죄를 지을 수 있다는 것입니까, 없다는 것입니까. 요한일서 1:7-2:1을 읽으면 구원받아도 죄는 지을 수 있다는 진리를 놓칠 수가 없습니다. 「그러나 만일 누가 죄를 지으면 우리에게 아버지와 함께 있는 한 변호인이 있으니, 곧 의인이신 예수 그리스도시라」(요일 2:1). 예수님께서 우리의 변호인이 되시는 것입니다. 여러분이 죄를 지어도 주님께서 "이 사람은 내 피로 깨끗케 되어 구원받았다"고 하신다는 말씀입니다. 요한일서 1:5-7은 구원받은 자로서 갖는 하나님과의 교제라는 1장 전체의 맥락 속에서 보아야 합니다. 다시 말씀드리지만, 1장의 대상은 구원받은 자입니다.

「우리가 보고 들은 것을 너희에게 전함은 너희도 우리와 교제를 갖게 하려는 것이니, 참으로 우리의 교제는 아버지와 그의 아들 예수 그리스도와 함께하는 것이라. 우리가 너희에게 이런 것들을 씀은 너희의 기쁨이 충만하게 하려는 것이라. 그러므로 우리가 그에 관하여 듣고 너희에게 전하는 말이 이것이니, 곧 하나님은 빛이시요, 그분 안에는 어두움이 전혀 없다는 것이라. 만일 우리가 하나님과 교제가 있다 하면서 어두움 가운데 행하면 우리가 거짓말하는 것이며 진리를 행하지 아니하는 것이라. 그러나 그분이 빛 가운데 계신 것같이 우리도 빛 가운데 행하면 우리가 서로 간에 교제가 있게 되고, 그의 아들 예수 그리스도의 피가 우리를 모든 죄에서 깨끗하게 하시느니라. 만일 우리가 우리에게 아무 죄도 없다고 말하면 우리 자신을 속이는 것이요, 진리가 우리 안에 있지 아니하나」(요일 1:3-8).

여기서 "우리" 역시 구원받은 사람을 말합니다. 이 구절의 맥락은 구원받은 사람으로서 하나님과 교제가 있는지 없는지에 대한 것입니다. 말씀 안에 거하면 교제가 있지만, 죄가 있으면 교제를 잃어버리기 때문에 교제를 회복하기 위해서 죄를 자백하라고 말씀하는 것입니다. 구원받아도 죄를 지을 수 있으니 죄를 지을 때마다 자백하면 교제를 회복할 수 있습니다. 「우리가 우리 죄들을 자백하면 그는 신실하시고 의로우셔서 우리 죄들을 용서하시며, 모든 불의에서 우리를 깨끗하게 하시느니라. 만일 우리가 죄를 짓지 아니하였다고 말하면 우리는 그분을 거짓말쟁이로 만드는 것이요, 그분의 말씀이 우리 안에 있지 아니하니라」(요일 1:9,10). 정리하면, 요한일서 1장의 말씀은 구원받은 사람도 죄를 지을 수 있다는 것입니다. 반면 요한일서 3장에서는 죄를 지을 수 없다고 말씀합니다. 그렇다면 구원받은 사람이 죄를 지을 수 있다는 것과(1장), 구원받은 사람은 죄를 지을 수 없다는(3장) 이 두 가지 말씀이 어떻게 양립할 수 있습니까.

인간의 구조 - 몸, 혼, 영

이를 이해하기 위해서는 우선 인간의 구조를 이해하는 것이 중요합니다. 성경에 의하면 인간은 몸, 혼, 영(body, soul, spirit), 세 부분으로 이루어져 있습니다. 몸과 영혼, 둘로 이루어진 것이 아닙니다. 하나님께서 인간을 지으실 때 몸, 혼, 영을 가진 존재로 만드셨습니다. 이 세 단어는 한글에서뿐 아니라 헬라어나 영어에서도 서로 다른 단어입니다. 한국 사람들은 '영'(spirit)이라고 해도 '영혼'이라고 이해하고 '혼'(soul)이라고 해도 '영혼'이라고 이해합니다. <개역한글판성경>에 이 단어들이 '영혼'으로 변개되어 있기 때문에 인간의 구조를 정확하게 알 수 없게 되었습니다.

하나님께서 인간을 어떻게 만드셨는지를 성경으로 보겠습니다. 「주 하나님께서 땅의 흙으로 사람을 지으시고」(창 2:7). 흙으로 만들어진 몸이 있습니다. 「그의 콧구멍에다 생명의 호흡(영)을 불어넣으시니 사람이 살아 있는 혼이 되었더라」(창 2:7). 성경에서는 영, 바람, 호흡이 모두 같은 것입니다. 하나님께서 흙으로 지으신 사람에게 영을 불어넣으시자 그가 "살아있는 혼"이 되었습니다. 인간은 살아있는 혼이기 때문에 구원을 받아야 합니다. 육신의 몸이 죽는 것으로 모든 것이 끝난다면 구원받을 필요가 없을 것입니다. 여호와의 증인이나 안식교인들은 실제로 그렇게 가르칩니다. 하나님의 특성을 가진 인간의 혼이 불멸하다는 것을 믿지 않습니다. 인간이 죽으면 혼 역시 소멸되거나 잠잔다고 말합니다. 이는 성경에 대해 무지하기 때문에 하는 말입니다. <개역한글판성경>은 같은 구절에서 사람이 "생령"이 되었다고 말합니다. 혼이라는 단어는 사라지고 뜻을 정확히 알 수 없는 생령이라는 단어가 쓰임으로써 중요한 성경의 진리를 알 수 없게 되었습니다.

데살로니가전서 5장에서도 분명하게 몸, 혼, 영을 말씀합니다. 「화평의 하나님 바로 그분께서 너희를 온전히 거룩하게 하시고 너희의 온 영과 혼과 몸이 우리 주 예수 그리스도께서 오실 때까지 책망할 것이 없게 보존되기를 하나님께 기도하노라」(살전 5:23). 한국 사람들은 변개된 성경과 한국의 무속 신앙 때문에 흔히들 영과 혼이 동일한 것인 줄 압니다. 그러나 성경을 통해 영과 혼이 다르다는 것을 분명하게 알 수 있습니다. 「하나님의 말씀은 살아 있고 능력이 있어 양날이 있는 어떤 칼보다도 예리하여 혼과 영, 그리고 관절과 골수를 찔러 가르고 마음의 생각들과 의도들을 판별하느니라」(히 4:12). 성령의 칼인 하나님 말씀이 혼과 영을 가른다고 말씀합니다. 이렇듯 인간은 몸, 혼, 영 세 부분으로 이루어진 존재이며, 이것은 하나님의 삼위일체, 즉 세 인격이 한 분 하나님을 이루시는 것과 같습니다. 하나님의 형상대로 인간을 창조하셨다는 말씀이 이런 뜻입니다.

영이 죽어서 태어난 아담의 후손들

아담은 선과 악의 지식의 나무의 열매를 먹고 죄를 지었습니다. 하나님께서는 아담에게 그 열매를 먹는 날에는 정녕 죽으리라고 하셨는데 아담은 그 날로 당장 죽지 않고 930세까지 살았습니다. 그렇다면 하나님께서 거짓말하신 것입니까. 아닙니다. 그 날에 죽은 것은 아담의 몸이 아니라 영이었던 것입니다. 그 뒤로부터 태어난 아담의 자손들은 하나님의 형상이 아니라 아담의 형상을 따라 태어났다고 성경은 말씀합니다. 영이 죽었기 때문에 하나님의 형상이 망가져버린 것입니다.

「허물과 죄들 가운데서 죽었던 너희를 그가 살리셨으니」(엡 2:1). 육신은 살아서 걸어다니지만 구원받지 못한 사람은 영이 죽어 있기 때문에 하나님 보시기에 죽은 사람입니다. 인간이 타락하는 것도 죽은 영을 갖고 있기 때문입니다. 하나님의 뜻을 알고 그 뜻에 순종하는 영적인 역할을 하는 것이 영인데, 그 영이 죽은 것입니다. 영이 죽었다고 해서 영이 없어지고 몸과 혼, 두 부분만 남았다는 뜻이 아닙니다. 영이 타락해서 어두워졌다고 이해하면 됩니다. 하나님께서 주시는 빛이 비치지 못하고 깜깜해진 것입니다. 그 마음이 어두워졌기 때문에 어둠의 일을 좋아하게 되었습니다. 도둑이 낮에 다니지 않고 밤에 다니는 것과 같습니다. 그리고 영이 죽은 것에서 끝나지 않고 인간의 혼과 몸은 결합해 버리게 되었습니다. 그렇기 때문에 구약에서 "혼"이라는 단어가 인간 자체를 말할 때가 있고 생명이나 몸을 말할 때가 있습니다. 이 구절에서 신약과 구약이 구분됩니다. 사람이 죽는다는 것은 몸이 죽는 것인데, 혼이 죽었다고 하거나 잠들었다고 말하는 것은 이를 구분하지 못해서 범하는 오류입니다.

「보소서, 이제 이 성읍은 도주하기 가깝고 작은 성읍이니, 오, 나로 그곳에 도피하게 하소서. (이는 작은 성읍이 아니니이까?) 그러면 내 혼이 살리이다」(창 19:20). 이 구절에서 육체의 생명을 혼이라고 말합니다. 성경은 모든 문제를 종결짓고 답을 주는 책인데 <개역한글판성경>은 36,000군데가 변개되었기 때문에 공부를 하면 할수록 이단 교리가 나올 수밖에 없습니다. 혼란에 빠질 뿐 아니라 이상한 교리가 나오는 것입니다. 그 예로, K목사의 비성경적 귀신론은 개역성경에 '귀신'이라는 단어가 나오기 때문에 생긴 것입니다. <한글킹제임스성경>에 귀신이라는 단어는 없습니다. 성경에서 말씀하시는 올바른 단어는 귀신이 아니라 마귀(devil)입니다.

「그들에게 말하라. '너희 후대 가운데서 너희 모든 씨 중 누구라도, 자신이 불결하면서도 이스라엘 자손이 주께 거룩하게 하는 거룩한 것에 나아가는 자는 그 혼이 내 면전에서 끊어지리라. 나는 주니라. 아론의 씨 중에서 누구라도, 문둥병자이거나 유출병이 있는 자는 그가 깨끗할 때까지 거룩한 것들을 먹지 말며, 시체에 의해 불결하게 된 어떤 것을 만지는 자나, 사정한 자나, 기어다니는 것을 만져서 불결하게 된 자나, 그가 지닌 불결함이 어떤 것이든 불결함이 있는 사람을 만지는 자, 즉 그런 것에 접촉한 사람은 저녁까지 불결하며, 또 그가 물로 자기 몸을 씻지 않고서는 거룩한 것들을 먹지 못할지니라」(레 22:3-6). 구약에서 더러운 것을 만진 사람은 하나님 보시기에 불결한 자입니다. 몸과 혼이 붙어있기 때문에 몸이 죄를 지으면 혼도 불결해진 것입니다. 반면 신약에서는 예수 그리스도의 보혈로 죄사함을 받은 사람은 죽으면 그 혼이 하늘나라에 갑니다.

그렇다면 몸이 여전히 죄를 짓는데 어떻게 하늘나라에 갈 수 있겠습니까. 이것을 해결하지 못하니까 구원파같이 '구원받으면 죄를 짓지 않는다'는 억지 교리가 나온 것입니다. 구약에서는 몸과 혼이 붙어 있기 때문에 몸이 죄를 지을 때마다 희생제를 드림으로써 일시적인 죄사함을 받아야 했습니다. 따라서 반복적인 희생제사가 필요했는데, 이는 한번 제사를 드리고 가다가 또 더러운 것을 접촉했으면 그 혼에 죄가 전가되어 또다시 희생제사를 드려야 했기 때문입니다. 몸이 죄를 지으면 혼도 더러워졌기 때문에 불결한 것을 만지면 성전에 들어가지 못했습니다.

아담의 죄로 인해 인간은 영이 죽고 혼과 몸이 하나가 되었으며, 죄사함은 일시적일 수밖에 없었습니다. 그래서 주님께서는 요한복음 3장에서 거듭나야 하늘나라에 들어간다고 말씀하신 것입니다. 「예수께서 대답하여 그에게 말씀하시기를 "진실로 진실로 내가 너에게 말하노니, 사람이 거듭나지 아니하면 하나님의 나라를 볼 수 없느니라."고 하시더라」(요 3:3). 「예수께서 대답하시기를 "진실로 진실로 내가 너에게 말하노니, 사람이 물과 성령으로 태어나지 아니하면 하나님의 나라에 들어갈 수 없느니라. 육신으로 난 것은 육이요, 또 성령으로 난 것은 영이니라」(요 3:5,6). 인간의 첫 출생은 육신으로 태어나는 것이고, 그 후에는 영이 성령으로 다시 태어나야 합니다. 인간의 영은 태어날 때부터 죽어서 태어나기 때문입니다. 주님께서는 십자가 사건을 통해서 우리가 거듭날 수 있게 해 주심으로써 이 문제를 해결해 주셨습니다.

여기서 물은 물 속에서 받는 침례를 말하는 것이 아닙니다. 물 침례는 신앙을 고백하는 것이고 구원을 상징하는 모형입니다. 물 침례를 통해 구원받는다고 가르치는 것은 행위 구원을 가르쳐 사람들을 지옥으로 보내는 것입니다. 여기서의 물은 일차적인 탄생을 말하는데 이는 6절에서 "육신으로 난 것은 육이요, 또 성령으로 난 것은 영이니라."는 말씀을 통해 알 수 있습니다. 이 구절에서 주님은 육신적인 탄생과 영적인 탄생을 말씀하는 것입니다. 사람이 태어날 때는 물에서 태어납니다. 어머니가 아이를 임신했을 때 아이를 싸고 있는 것은 양수, 즉 물입니다. 물이 없으면 태아가 영양 공급도 받을 수 없고 자랄 수 없습니다. 창세기에서 최초로 생명체가 나왔을 때에도 물에서 나왔습니다. 성경 전체에서 물은 생명체의 탄생과 연관됩니다.

이 구절에서 물은 일차적인 탄생을 말하며, 사람은 이차적으로 거듭나야만 하나님의 나라에 들어갈 수 있고, 죽은 영이 살아나야만 하나님의 형상을 가질 수 있습니다. 우리가 태어날 때 하나님의 형상으로 태어났다고 많은 목사들이 잘못 가르치지만, 우리는 아담의 형상대로, 즉 영이 죽은 상태에서 태어났습니다. 예수님을 구주로 믿을 때 영이 거듭나 하나님의 형상과 같이 몸, 혼, 영, 세 부분으로 이루어진 존재가 되고, 그럼으로써 하나님의 아들이 됩니다.

우리가 거듭날 때 어떤 일이 일어납니까. 영이 거듭나고 혼은 구원받습니다. 그러나 몸은 아직 구속받지 못합니다. 이것은 매우 중요한 주제입니다. 이것을 제대로 이해하지 못하기 때문에 워치만 니를 따르는 사람들은 예수님을 믿었을 때 혼이 구원받지 못했기 때문에, 즉 구원이 완성되지 못했기 때문에 계속해서 혼의 구원을 위해 노력해야 한다고 잘못 가르치고 있습니다. 이는 궁극적으로 행위 구원을 가르치는 것입니다. 그들은 자아를 파쇄하고, 자아를 죽이고 영을 해방시켜야 된다는 등 성경에 없는 말들을 합니다. 신비주의자였던 워치만 니의 영향으로 장로교, 구원파 모두 진리를 모르는 채 혼란에 빠져 있습니다. 변개된 성경으로 가르쳤던 워치만 니는 몸, 혼, 영에 대한 진리를 알지 못했습니다. 워치만 니의 책을 읽고 그의 가르침을 따르는 사람들은 '내 영으로 당신의 영을 터치한다.'는 이상한 말을 하거나 '주여, 주여, 주여' 삼창을 반복적으로 하면 주님과 소통을 한다고 믿습니다. 분명히 알아야 할 것은 구원받을 때 혼의 구원은 즉각적으로 이루어진다는 것입니다. 만일 혼이 구원을 받지 않았다면 죽어서 지옥에 가는 것이지만, 혼이 구원을 받았다면 언제 어떻게 죽더라도 그 혼은 하늘나라에 갑니다. 구원은 예수 그리스도의 십자가 사건을 믿을 때 그 즉시 완성이 되는 것입니다.

아직 일어나지 않은 몸의 구속

몸의 구속은 미래의 일입니다. 「그들뿐만 아니라 성령의 첫열매들을 가진 우리까지도 속으로 신음하며 양자 되는 것, 곧 우리 몸의 구속을 기다리고 있느니라」(롬 8:23). 오른팔을 잃어버린 사람이 구원받을 때 몸도 구속된다면 잃었던 팔이 순식간에 다시 재생되어야 합니다. 구속받은 몸이 한쪽 팔이 없다는 것은 있을 수 없는 일입니다. 몸이 구속받았다면 몸의 모든 질병도 사라져야 합니다. 그러나 몸이 구속받지 않았기 때문에 구원받은 사람도 질병에 걸리는 것입니다. 은사주의자들이 예수님 믿으면 병이 낫는다고 하는 것은 사기입니다.

요한일서 1장에서는 구원받아도 죄를 짓는다고 하고 3장에서는 하나님께로부터 태어난 사람은 죄를 안 짓는다고 합니다. 모순처럼 보이는 이 말씀을 이해하는 열쇠는 몸이 아직 구속받지 않았다는 데 있습니다. 몸이 계속적으로 죄를 짓는 상태에서, 1장은 그 몸이 죄를 짓는다는 것을 말하고 3장은 새로 태어난 새 사람, 즉 속 사람은 죄를 짓지 않는다고 말하는 것입니다. 따라서 구원받은 사람이 죄를 짓는다는 것도, 구원받은 사람이 죄를 짓지 않는다는 것도 모두 맞는 말씀입니다. 속 사람과 겉 사람이 공존하고, 새 사람과 옛 사람이 함께 있기 때문입니다. 요한일서 1장도 맞고 동시에 3장도 맞습니다.

몸은 죄를 짓기도 하고, 질병으로 고통을 겪기도 합니다. 영광된 몸을 입지 못했기 때문에 우리의 몸은 계속해서 쇠잔해지는 것입니다. 우리 몸의 구속은 주님이 다시 오셔서 우리를 휴거시키실 때 일어납니다. 그때 우리의 썩을 몸이 썩지 않을 몸으로 바뀌고 죽을 몸이 죽지 않을 몸으로 바뀔 것입니다(고전 15장). 완전한 몸, 부활된 몸을 입는 것입니다. 그러면 우리가 구원받을 때 어떤 영적인 일이 일어나는지 살펴보겠습니다.

그리스도의 할례 – 영적 할례

예수님을 구주로 믿으면 성령의 칼이 여러분의 몸을 수술해 주십니다. 「또한 너희가 그의 안에서 손으로 하지 아니한 할례를 받았으니 곧 그리스도의 할례로 육신의 죄들의 몸을 벗어 버린 것이라」(골 2:11). 예수 그리스도를 믿을 때 받는 영적인 할례는 육신의 죄들의 몸에서 우리의 혼을 잘라내는 것입니다. 구약 시대에는 죄 때문에 몸과 혼이 융합되었지만 신약 시대에는 구원을 받을 때 몸과 혼이 분리됩니다. 이것이 그리스도의 할례이며, 이 할례는 어떤 칼보다도 예리한 하나님의 말씀으로 이루어집니다. 레이저 빔으로 집도하는 수술을 생각하면 이해가 되실 것입니다. 금속 칼을 대어 자르지 않아도 조직이 잘라지는데 성령의 칼, 하나님의 말씀은 얼마나 더 날카롭겠습니까. 이 할례로 여러분은 육신의 죄들의 몸을 벗어버린 것입니다. 그러니 거듭난 속 사람이 죄를 안 지을 수 있는 것입니다. 죄는 육신, 몸이 짓는 것이고, 몸과 혼은 영적 할례로 분리되었기 때문에 육신이 짓는 죄가 혼에 전가될 수 없습니다. 구약 때처럼 육신이 죄를 지으면 혼도 자동으로 죄를 짓는 것이어서 반복되는 희생제가 필요한 것이 아닙니다. 예수 그리스도의 보혈을 믿을 때 영적인 할례를 받음으로써 죄들의 몸을 벗어버린 것입니다. 여러분 자신은 '혼'입니다. 몸이 아니라 불멸하는 혼이기에 현재 몸이라는 장막 안에서 살다가 나중에 몸은 흙으로

가도 여러분 자신은 하늘나라에 가는 것입니다.

「그러므로 남편이 살아 있는 동안에 다른 남자와 혼인하면 간음한 여인이라 불리지만」(롬 7:3). 남편이 살아있는데 아내가 다른 사람과 혼인을 하면 간음하는 것입니다. 「그녀의 남편이 죽으면 그 법에서 해방되므로 다른 남자와 혼인하더라도 간음한 여인이 아니니라」(롬 7:3). 남편이 죽었으면 남편이 없기 때문에 다른 남자와 혼인을 해도 간음이 아닙니다. 주님께서 이 말씀을 하신 이유는 무엇입니까. 우리가 구원받을 때 일어나는 일을 알려주시기 위해서입니다. 우리가 그리스도의 할례로 죄들의 몸을 벗어버렸다는 것은 우리의 옛 남편이 죽은 것입니다. 그래서 하나님께서는 구원받은 사람의 몸은 죽은 것으로 간주하십니다. 몸은 죽은 것이기 때문에 이제 그 혼이 그리스도와 결혼할 수가 있는 것입니다.

「나의 형제들아, 이런 연유로 너희도 그리스도의 몸으로 인하여 율법에는 죽었나니 이는 너희로 다른 사람, 즉 죽은 자들로부터 일으켜지신 그와 혼인하게 하려는 것이요, 그리하여 우리로 하나님께 열매를 맺게 하려는 것이니라」(롬 7:4). 죽은 자들로부터 일으켜지신 분은 예수님입니다. 몸이 죽었기 때문에, 즉 남편이 죽었기 때문에 그 여인, 즉 안에 있는 혼은 예수님과 결혼할 수 있는 것입니다. 여러분은 예수님과 하나가 된 것입니다. 그래서 교회와 예수님과의 관계를 신랑과 신부의 관계, 아내와 남편과의 관계로 말씀하는 것입니다.

구원받은 속 사람은 예수 그리스도와 하나가 되었기 때문에 죄를 짓지 않습니다. 그러나 우리는 육신을 갖고 있으며, 육신이 죄를 짓는 것입니다. 「내가 행하는 것을 내가 알지 못하노니 이는 내가 원하는 것은 행하지 아니하고 오히려 내가 미워하는 것을 행함이라」(롬 7:15). 원하는 것은 선한 것이고, 미워하는 것은 악한 것입니다. 「그러므로 만일 내가 원치 않는 것을 행하면 내가 율법이 선하다는 것에 동의하노라. 그러나 이제는 그것을 행하는 것은 더 이상 내가 아니요, 내 속에 거하는 죄니라」(롬 7:16,17). 이제 그리스도의 할례로써 육신의 죄들의 몸을 벗어버렸지만, 만일 죄를 짓는다면 그것은 여러분이 아니라 육신 안에 있는 죄가 행하는 것입니다. 「내 안에 (곧 내 육신 안에는,) 선한 것이 거하지 않는 줄을 내가 아노니 원함은 내게 있으나 선한 것을 어떻게 행하는 것인지는 알지 못하노라. 내가 원하는 선은 행하지 않고 원치 않는 악을 행하는도다. 이제 만일 내가 원치 않는 것을 행하면 그것을 행하는 것은 더 이상 내가 아니요」(롬 7:18-20). 악을 행하는 것은 더이상 나, 즉 구원받은 속 사람이 아니라 "내 속에 거하는 죄"입니다. "내 속에"라는 것은 18절에서 "내 육신 안"이라고 말씀합니다. 육신 안에 죄가 있고 그 죄가 죄를 짓는 것입니다.

「그리하여 내가 한 법을 발견하노니 그것은 내가 선을 행하고자 할 때 악이 나와 함께 있다는 것이라. 내가 속 사람을 따라 하나님의 법을 즐거워하나 내 지체들 속에 있는 또 하나의 법이 내 생각의 법과 싸워 나를 내 지체들 속에 있는 죄의 법에게로 사로잡아오는 것을 보는도다」(롬 7:21-23). 구원받은 사람 안에는 속 사람과 겉 사람, 두 사람이 있습니다. 속 사람은 하나님의 법을 즐거워하나 겉 사람은 죄의 법을 따릅니다. 「오, 나는 비참한 사람이로

다! 누가 이 사망의 몸에서 나를 구해 낼 것인가? 예수 그리스도 우리 주를 통하여 하나님께 감사하노라. 그러므로 내 자신이 생각으로는 하나님의 법을 섬기지만 육신으로는 죄의 법을 섬기노라」(롬 7:24,25).

내 안의 또 다른 나, 속 사람과 겉 사람

　구원받은 속 사람은 하나님을 따르기 원하지만 문제는 육신입니다. 육신을 빠져나가면 문제가 해결되겠지만, 죽을 때까지는 빠져나갈 수 없습니다. 죄를 짓고 싶지 않다면 두 가지 해결책이 있습니다. 하늘나라에 가는 것, 아니면 주님께서 오시는 것입니다. 그 전까지는 계속해서 죄와 싸울 수밖에 없습니다. 옛 사람과 새 사람, 겉 사람과 속 사람이 싸워야 합니다. 그 싸움에서 이기는 쪽이 행하게 됩니다. 옛 사람, 겉 사람이 이기면 죄를 짓고, 속 사람이 이기면 죄를 짓지 않습니다. 하나님의 법을 즐거워하는 이 속 사람이 하나님께로부터 태어난 자는 죄를 짓지 않는다는 요한일서 3장의 말씀에 해당되는 것입니다. 죄를 짓지 않는다고 하면 진리가 그 안에 없다는 요한일서 1장의 말씀은 우리가 육신을 입고 있기 때문에 죄를 짓는 것을 말하는 것입니다. 따라서 1장과 3장 사이에는 모순이 없는 것입니다. 사람들이 육신의 문제가 무엇인지 모르고 혼이 무엇인지 모르기 때문에 성경을 올바르게 해석하지 못하는 것뿐입니다.

　이것을 제대로 알지 못하고 워치만 니가 가르치는 것처럼 혼의 구속을 받아야 한다거나 자아를 파쇄하라고 하는 것은 종교 노예를 만드는 것이고 자유함을 앗아가는 것입니다. 구원받은 사람에게는 자유함이 있습니다. 언제 어떻게 죽더라도 불멸하는 혼은 죄 사함을 받았기에 하늘나라에 간다는 자유함이 있는 것입니다. 이것이 은혜의 시대에 구원받은 사람이 누리는 특권이고, 따라서 구원받은 사람에게는 죽음에 대한 두려움이 없습니다. 그런데 혼의 구원에 이르도록 계속해서 노력해야 하는 상태에 있다면 어떻게 죽음이 두렵지 않겠습니까. '주여, 주여, 주여' 삼창을 하면서 불안 속에서 종교 노예로 살게 만든다는 점에서 워치만 니의 가르침은 은혜의 복음을 정확하게 모르는 칼빈주의나 알미니안주의, 로마 카톨릭의 교리와 별반 다를 것이 없습니다. 오늘날 안타깝게도 한국 교회는 그런 교리들에 물들어 있습니다. 만약 여러분이 예수님을 구주로 믿고 구원을 받았다면 혼이 구원받은 것임을 확실하게 이해하시기 바랍니다.

「우리가 사면에서 고난을 당하여도 괴로워하지 아니하며 당혹스런 일을 당하여도 절망하지 아니하며 박해를 받아도 버림받지 아니하며 내던져져도 멸망하지 아니하며 항상 주 예수의 죽으심을 몸에 지니고 다님은 예수의 생명이 또한 우리 몸에 나타나게 하려 함이라」(고후 4:8-10). 고난을 당하는데 괴롭지 않다고 했습니다. 겉 사람, 육신은 고난을 당하지만 속 사람은 괴로워하지 않을 수 있는 것입니다. 가혹한 일을 당해도 절망하지 않고 박해를 받아도 버림받지 않고, 내던져져도 멸망하지 않습니다. 속 사람과 겉 사람이 동시에 존재하기 때문에 가능한 일입니다. 이것이 바로 그리스도인의 역설이며, 구원받지 못한 사람들은 이것을 이해하지 못합니다. 원하는 것과 원치 않는 것이 동시에 일어납니다. 어떤 생각, 어떤 행위에 대해 속 사람이 그것은 나쁘다고 하는데 육신은 그 죄를 좋아합니다. 한쪽에서는 '해라,' 다른 쪽에서는 '하지 말라' 하면서 양쪽이 싸웁니다. 이것이 그리스도인의 내면에서 일어나는 갈등입니다.

「하나님께서 그의 영광의 풍요함을 따라 그의 성령을 통하여 너희 속 사람 안에서 능력으로 너희를 강건하게 하시고」(엡 3:16). 속 사람을 따르면 성령께서 여러분을 강건하게 하시기 때문에 승리할 수 있지만 육신을 좇아가면 패배합니다.

「육신은 성령을 거슬러 욕심을 부리며 성령은 육신을 거스르나니 이들은 서로 반목하여서」(갈 5:17). 혼은 이미 구원을 받은 것이고, 구원받은 혼을 거스르는 것이 육신입니다. 「사랑하는 자들아, 타국인 같고 순례자 같은 너희에게 권고하노니 혼을 거슬러 싸우는 육신의 정욕들을 멀리하라」(벧전 2:11). 따라서 혼을 파쇄하고 혼을 정화하라고 가르치는 것은 모두 쓰레기 같은 가르침입니다. 문제는 육신이며 육신의 정욕입니다. 죄는 육신에 있고, 그 육신은 혼을 거스르고 성경을 거스릅니다. 성령은 속 사람 안에 계시고, 혼은 성령 침례로 인해서 예수 그리스도의 몸 안의 한 지체가 됩니다.

결론적으로, 속 사람은 죄를 짓지 않으며 옛 사람, 곧 겉 사람은 계속해서 죄를 짓습니다. 따라서 요한일서 1장과 3장은 모두 옳으며 모순이 없는 것입니다. 성경에 무지한 자들이 거듭난 자는 죄를 짓지 않는다고 하면서 결국 죄 없는 삶을 강요함으로써 행위로 인한 구원을 가르치고 있습니다. 만일 그런 거짓 가르침 때문에 자신의 의로운 행위를 의지하여 구원받으려 함으로써 지옥으로 향하고 있는 사람들이 있다면, 오늘 로마서 10:9을 마음으로 믿고 입으로 고백하여 구원 받으시기를 간절히 기도합니다.

「네가 네 입으로 주 예수를 시인하고 또 하나님께서 그를 죽은 자들로부터 살리신 것을 네 마음에 믿으면 구원을 받으리라. 이는 사람이 마음으로 믿어 의에 이르고 입으로 고백하여 구원에 이르기 때문이라」(롬 10:9,10).

?

구원에 관한
문제의 구절들

"떨어져 나간다면"

한 번 깨우침을 받고 하늘의 선물을 맛보며, 성령의 동참자가
되고 하나님의 선한 말씀과 오는 세상의 능력을 맛본 자들이
만약 떨어져 나간다면 다시 새롭게 하여 회개시킬 수 없나니,
히 6:4-6

성령이 떠날 수 있는가

「그러므로 우리가 그리스도에 대한 교리의 기초를 떠나 온전함을 향해 나아가야 하리니, 죽은 행실들에서 회개함과 하나님을 향한 믿음과 침례들과 안수함과 죽은 자들의 부활과 영원한 심판에 관한 교리의 기초를 다시 놓지 말지니라. 실로 하나님께서 허락하시면 우리가 이것을 하리라. 한 번 깨우침을 받고 하늘의 선물을 맛보며, 성령의 동참자가 되고 하나님의 선한 말씀과 오는 세상의 능력을 맛본 자들이 만약 떨어져 나간다면 다시 새롭게 하여 회개시킬 수 없나니, 이는 그들이 스스로 하나님의 아들을 다시 십자가에 못박아 공개적으로 조롱함이라. 이는 땅이 그 위에 자주 내리는 비를 흡수하여 밭 가는 자들에게 적합한 농작물을 내면 하나님께 복을 받으나, 만일 가시와 엉겅퀴를 내면 버림을 당하고 저주함에 가까워서 그 마지막은 불사름이 되기 때문이라」(히 6:1-8).

성경은 한번 받은 구원은 영원히 잃어버리지 않는다고 말씀합니다. 그럼에도 불구하고 많은 사람들이 이 교리를 반박하는 이유는 오늘 본문과 같은 성경 구절들을 잘못 해석하기 때문입니다. 본문 구절은 구원의 영원한 보장과 연관해서 가장 많은 혼란을 야기하는 구절 중 하나입니다. 구원을 받은 뒤라도 죄를 지으면 내주하시던 성령이 떠난다고 가르치는 사람들이 있습니다. 그들은 오늘 본문 구절이나 시편 51편을 근거로 그렇게 말하는 것입니다.

본문 구절과 연관해서 범하는 오류는 대표적으로 네 가지가 있습니다. 첫째 오류는 구원을 잃어버릴 수 있다는 알미니안주의로 감리교, 성결교, 은사주의 등에서 가르치는 교리입니다.(분명히 알아야 할 것은, 오늘날 은혜 시대에 믿음만으로 받은 구원은 잃어버릴 수 없다는 것입니다.) 두 번째 오류는 한 번 받은 구원은 잃어버릴 수 없으나 본문 구절은 가상적인 상황이라고 말하는 것입니다. 이것 역시 올바른 해석이 아닙니다. 세 번째 오류는 위 구절이 구원에 관한 것이 아니라 그리스도의 심판석에 관한 것이라고 하면서 8절 내용을 그리스도의 심판석인 고린도전서 3장과 연관시키는 것입니다. 이것 역시 오류인 이유는 본문에서 말하는 불은 실제적인 지옥의 불이기 때문입니다. 네 번째 오류는 본문의 문맥은 구원받은 것처럼 보이나 사실은 구원을 받지 못한 사람에 대한 것이라고 가르치는 것입니다. 이러한 가르침들은 모두 오류이며 성경의 진리를 말해 주지 못합니다.

히브리서의 대상: 유대인

이 문제에 대한 답은 바로 '히브리서'라는 이 서신의 이름에 있습니다. 이 서신의 이름이 히브리서인 이유는 이것이 마지막 때에 히브리인들에게 주시는 교리이기 때문입니다. 지난 주에는 야고보서 1장을 살펴보면서 야고보서가 이스라엘의 열두 지파에게 주어진 서신이라고 말씀드렸습니다. 마찬가지로 히브리서는 히브리인들을 대상으로 한 서신입니다. 「전에는 선지자들을 통하여 조상들에게 여러 번에 걸쳐 다양한 방법으로 말씀하신 하나님께서 이 마지막 날들에 그의 아들을 통하여 우리에게 말씀하셨으니, 이 아들을 만물의 상속자로 세우시고, 또 그를 통하여 그분께서 세상들을 지으셨느니라」(히 1:1,2). 여기서 "조상"은 한국인들의 조상을 말하는 것이 아닙니다. 히브리인들의 조상, 즉 아브라함, 야곱, 이삭을 말하는 것이며, 따라서 제목도 히브리서입니다. 하나님께서 "이 마지막 날들에" 히브리인들을 대상으로 말씀하신 것입니다. 오늘은 히브리서가 왜 교리적으로 현재 교회시대가 아닌 대환란 때에 적용되는 것인지 그 이유를 자세히 살펴보려 합니다.

「이로 인하여 우리가 들은 것들에 대해 보다 간절한 마음으로 주의를 기울여야 하리니, 이는 언제라도 우리가 그것들로 하여금 미끄러져 떨어지지 않게 하려 함이로다」(히 2:1). 「이는 우리가 처음의 확신을 끝까지 견고하게 붙들면 그리스도께 참여한 자가 되기 때문이라」(히 3:14). 「그러므로 그의 안식에 들어갈 한 약속이 우리에게 남아 있는 이상, 너희 중에 혹 그것에 이르지 못할 자가 있을까 두려워해야 하리라」(히 4:1). 이스라엘의 조상 중에서 출애굽 당시 안식에 들어가지 못한 사람들은 믿음이 없었기 때문에 들어가지 못했지만(히 3:19) 그의 안식에 들어갈 한 약속이 "우리"에게 남아있다고 말합니다. 우리란 역시 이스라엘 백성을 말합니다. 「그때에 너희 조상이 나를 시험하였고」(히 3:9). "너희 조상" 또한 출애굽 당시의 이스라엘 백성을 말합니다. 이렇게 히브리서는 교리적으로 이스라엘 백성들에게 주는 서신이라는 점을 아는 것이 매우 중요합니다.

대환란 후 이스라엘의 회복에 대한 말씀

그렇다면 마지막 때에 이스라엘 백성에게 히브리서를 주신 이유는 무엇입니까. 하나님께서 구약에서 약속하신 "새 언약"을 성취하기 위해서입니다. 무엇이 새 언약인지는 히브리서 8장에 나옵니다. 「만일 그 첫 번째 언약이 흠이 없었더라면 두 번째 것이 요구될 여지가 없었으리라. 그들에게서 허물을 발견하고 그가 말씀하시기를 "보라, 그 날들이 오리라. 주가 말하노라. 내가 이스라엘 집과 유다 집과 더불어 새 언약을 맺으리라. 그것은 내가 그들의 조상의 손을 잡아 이집트 땅에서 인도하여 내던 날에 그들과 세운 언약과 같지 아니하니, 이는 그들이 내 언약 속에 머물러 있지 아니하므로 내가 그들을 돌아보지 아니하였음이라. 주가 말하노라」(히 8:7-9). 한국인들에 대한 말씀이 아닙니다. 하나님께서는 구약의 선지자들을 통해 이스라엘의 조상들에게 말씀하신 대로 이스라엘 집과 유다 집을 회복시켜주시겠다고 말씀하십니다. "새 언약"을 성취하시기 위해 마지막 때를 위한 이 서신을 주신 것입니다.

마지막 때라는 것은 재림 직전의 시기, 즉 교회 시대의 끝부분에서 대환란으로 들어가는 그 시기를 말합니다. 사도행전 1장에서 주님께서 승천하신 후 7장에서는 스테판이 순교하는 장면이 나옵니다. 유대인들에게 그리스도를 증거한 스테판은 하늘에서 주님께서 서 계신 것을 본다고 했습니다. 주님께서는 하나님의 보좌 우편에 앉아 계시지 않고 서 계셨습니다. 그때 이스라엘 백성이 스테판의 설교를 듣고 주님을 받아들였다면 곧바로 대환란이 시작되었을 것입니다. 그러나 그들이 끝까지 주님을 거부하고 오히려 스테판을 죽였기 때문에 복음이 이방인에게로 넘어오게 되었습니다. 이로써 '마지막 때'는 2천 년 동안 없어져 버린 것입니다.

히브리서는 사도행전 7장과 연결해서 보아야 합니다. 주님께서는 사도행전 7장에서 이루어지지 않은 일들을 앞으로 일어나게 하실 것입니다. 즉 이스라엘이 대환란을 통과하게 해서 그들을 건져내시는 것입니다. 7년간 지속되는 대환란은 "야곱의 고난의 때"입니다. 다니엘서에서 야곱에게 70주를 약속하셨는데 69주는 십자가 사건을 끝으로 해서 끝났습니다. 이제 한 주, 즉 7년이 남았습니다. 그 한 주를 위해서 히브리서, 야고보서, 요한계시록을 주셨는데, 목적은 이스라엘 백성들이 구원을 받도록 하기 위한 것입니다. 교회 시대는 끝나고 이스라엘 사람들이 회개하고 구원을 받는 시대가 옵니다.

"그 날들 이후에 내가 이스라엘 집과 세울 언약이 이것이라"(히 8:10). 분명히 이스라엘 집과 언약을 세우신다고 하셨는데 왜 이방인들은 이것을 자신들에게 주신 것으로 생각합니까. 물론 성경의 모든 말씀은 하나님의 영감으로 우리에게 주신 것입니다. 그러나 누구를 대상으로 기록되었는지를 반드시 살펴보아야 합니다. 이방인들이 받는 구원의 교리는 이방인의 사도인 사도 바울 서신, 즉 로마서부터 빌레몬서까지의 말씀을 통해 알 수 있습니다. 그렇다고 해서 다른 성경은 하나님의 말씀이 아니고 필요없다는 뜻이 아닙니다. 모든 성경은 우리에게 유익하지만 구원론의 교리를 말할 때에는 나누어서 보아야 합니다. 히브리서에는 히브리인들에게 주시는 교리, 즉 이스라엘 백성이 대환란 때 구원받는 방법이 기록되어 있습니다. 그렇기 때문에 히브리서에는 대환란에 대한 교리들이 많이 나옵니다. 이러한 이유로 사도행전 7장에서 바로 히브리서, 야고보서가 연결된다 해도 무리없이 이어지는 것입니다.

"그 날들 이후에 내가 이스라엘 집과 세울 언약이 이것이라. 주가 말하노라. 내가 내 율법들을 그들의 생각에 두고 그들의 마음에 그것들을 기록하리라"(히 8:10). 역시 한국인이 아니라 이스라엘 집과 세울 언약이라고 하셨습니다. 「주가 말하노라. 내가 내 율법들을 그들의 생각에 두고 그들의 마음에 그것들을 기록하리라. 나는 그들에게 하나님이 되고 그들은 내게 백성이 되리라. 그들이 자기 이웃이나 형제에게 일일이 가르쳐 주를 알라고 하지 아니하리니, 이는 그들이 가장 작은 자로부터 가장 큰 자에 이르기까지 다 나를 알게 될 것이기 때문이라」(히 8:10,11). 이스라엘이 회복된 뒤 11절 말씀이 이루어질 것입니다. 11절이 현재 교회 시대에 적용되는 것이라면 모두가 다 주를 알기 때문에 말씀을 가르칠 목사와 교사가 필요 없을 것입니다. 그러나 이 구절은 대환란을 통과하고 천년왕국 때 완전히 회복된 이스라엘에 대한 말씀입니다. 그때에는 일일이 가르쳐 주를 알라고 하지 않을 것입니다. 성경 공부를 할 필요가 없습니다. "가장 작은 자로부터 가장 큰 자에 이르기까지 다 나를 알게 될 것이기 때문이라."

로마서 11장도 이스라엘의 회복을 말씀합니다. 주님께서 실제적으로 예루살렘에서 통치하시기 때문에 천년왕국은 지금과는 완전히 달라집니다. 이것을 제대로 이해하지 못하면 히브리서 6장을 해석할 때 처음에 언급한 네 가지 오류 중 하나를 범하게 되는 것입니다. 성경을 볼 때 전체적으로 보고 하나님께서 무엇을 말씀하시는지를 이해해야 하는 이유가 여기에 있습니다. 본문 구절은 재림 전의 이스라엘 백성에게 교리적으로 적용됩니다.

성령을 잃는 것은 대환란 때의 일

성령의 역사를 통해서도 이를 알 수 있습니다. 「한 번 깨우침을 받고 하늘의 선물을 맛보며, 성령의 동참자가 되고 하나님의 선한 말씀과 오는 세상의 능력을 맛본 자들이 만약 떨어져 나간다면 다시 새롭게 하여 회개시킬 수 없나니」(히 6:4-6). 다시 회개할 수도 없습니다. 이 구절로 알미니안주의의 가르침이 틀린 것을 알 수 있습니다. 그들은 죄를 지으면 구원을 잃어버렸다가 회개하면 다시 받는다고 하는데 6절에서는 다시 회개시킬 수 없다고 말씀합니다. 이처럼 이 구절을 교회 시대에 적용하려 하면 맞지 않지만 대환란 때에는 정확하게 맞습니다. 적그리스도의 왕국에서 예수님을 믿었다 할지라도 핍박이 오고 짐승의 표를 받지 않으면 사거나 팔지 못하는 상황이 전개되면 이 구절대로 되기 때문입니다. 믿은 뒤에 그 표를 받으면 영원히 저주받고 불못에 가게 됩니다. 그것이 요한 계시록의 말씀입니다.

　이처럼 성경에는 모순이 없는데 성경을 나누어서 보지 못할 때 오류와 이단 교리가 나오게 되는 것입니다. 말씀이 기록된 대상이 누구이고 어느 시기에 대한 말씀인지를 알면 문제가 없어집니다. 성경의 단어 하나도 고칠 필요가 없습니다. 단어들이 바뀌고 빠져 있는, 변개된 성경으로는 결코 답을 찾을 수 없습니다.

　피터 럭크만 박사는 영어 <킹제임스성경>을 공부하고 해석하면서 자신이 생각할 때 모순처럼 보이는 곳이 있을 때 반드시 지킨 법칙이 있었습니다. 바로 성경에는 모순이 없고 자신이 아직 정확하게 이해하지 못할 뿐이라는 자세를 고수하고 끝까지 바른 성경인 킹제임스성경을 가지고 기도하면서 진리를 찾는 것이었습니다. 그럼으로써 하나님으로부터 지혜를 얻어 겉보기에 어려운 구절들을 올바르게 가르칠 수 있었습니다. 그러나 대부분의 사람들은 어려운 구절들이 나오면 헬라어나 히브리어, 또는 변개된 성경들을 가지고 억지로 꿰맞추려 합니다. 그렇기 때문에 오류를 범하고 진리를 깨달을 수가 없는 것입니다. 럭크만 박사 이전에 가장 성경을 올바르게 가르친 사람들이 스코필드와 클라렌스 라킨인데, 스코필드는 킹제임스성경이 아닌 다른 성경들에 의존하다가 몇 가지 부분에서 오류를 범했고, 클라렌스 라킨도 해석이 안되는 부분에서 헬라어 성경들을 참조하다가 결국 올바른 답을 찾지 못했습니다. 그러나 럭크만 박사는 하나님 말씀에는 결코 오류가 없다는 믿음으로 킹제임스성경만 가지고 답을 찾은 것입니다.

「셋째 천사가 그들을 따라가며 큰 음성으로 말하기를 "누구든지 그 짐승과 그의 형상에게 경배하고 그의 표를 자기 이마나 손에 받느디면」(계 14:9). 교회의 휴거가 일어나고 대환란이 시작된 뒤에는 적그리스도의 표를 받지 않으면 사거나 팔지 못해 굶어 죽게 될 것입니다. 이때 어린 아이가 있는 부모는 우유도 살 수 없기 때문에 아이 밴 자들에게 화가 있으리라는 마태복음의 말씀이 이루어질 것입니다. 이것이 만일 교회시대에 적용해야 하는 구절이라면 현재 임신한 사람들이 모두 화를 당한다는 것인데, 이것은 맞지 않습니다. 그러나 대환란 때에는 아이들 때문에 어쩔 수 없이 표를 받게 되기 때문에 화가 있게 됩니다. 표를 받으면 저주받고 결국 불못에 떨어집니다.

「그 역시 하나님의 진노의 포도주를 마시게 되리니, 그것은 그의 진노의 잔에 혼합하지 않고 부은 것이니라. 또 그 사람은 거룩한 천사들의 면전과 어린양의 면전에서 불과 유황으로 고통을 받으리니」(계 14:10). 성령의 동참자가 됐다가 떨어져나간 자들이 다시 회복할 수 없는 이유가 여기 있습니다. 이것을 알면 히브리서 6장을 이해하는 데 전혀 문제가 없습니다. 단어 하나 바꿀 필요도 없이 있는 그대로 이해하면 됩니다.

「그 고통의 연기가 영원무궁토록 올라가리라. 그 짐승과 그의 형상에게 경배하고 그의 이름의 표를 받는 자는 누구든지 밤낮 쉼을 얻지 못하리라」(계 14:11). 대환란 때의 구원교리는 오늘날과 다릅니다. 대환란 때에는 12절처럼 인내를 가지고 "하나님의 계명들과 예수의 믿음을 지키는" 것이 필요합니다. 예수님만 믿고 그 자리에서 영원한 구원을 받는 것이 아니라 그 믿음을 끝까지 지켜야 하는 것입니다. 믿음을 가졌다가 나중에 적그리스도의 표를 받으면 영원한 불못으로 갑니다.

짐승의 표를 받으면 구원을 잃어버림

「한 번 깨우침을 받고 하늘의 선물을 맛보며, 성령의 동참자가 되고 하나님의 선한 말씀과 오는 세상의 능력을 맛본 자들이 만약 떨어져 나간다면 다시 새롭게 하여 회개시킬 수 없나니, 이는 그들이 스스로 하나님의 아들을 다시 십자가에 못박아 공개적으로 조롱함이라」(히 6:4-6). 예수님을 믿었지만 생명을 보존하기 위해서 적그리스도의 표를 받으면 완전히 저주받는 것입니다. 오는 세상의 능력을 맛본 것은 대환란 때 모세와 엘리야가 와서 하늘에서 불을 내리는 등 능력을 행하기 때문입니다. 대환란 때에는 유대인들을 회복시키기 위해서 과거 유대인들에게 주어졌던(고전 1:22) 표적의 은사가 다시 등장합니다.

「내가 나의 두 증인에게 권세를 주리니, 그러면 그들이 굵은 베옷을 입고 일천이백육십 일을 예언하리라."고 하더라」(계 11:3). 1260일은 3년 반입니다. 「이들은 땅의 하나님 앞에 서 있는 두 올리브 나무이며 두 촛대니라」(계 11:4). 두 올리브나무, 두 촛대는 S종파 L교주가 아니라 모세와 엘리야입니다. 「누구든지 그들을 해치려고 하면 그들의 입에서 불이 나와 그들의 원수를 삼키리니 누구든지 그들을 해치려고 하면 반드시 이와 같이 죽게 되리라」(계 11:5). 이처럼 표적의 은사가 등장하는 것입니다. 만약 그런 능력을 맛본 뒤에 목숨을 부지하기 위해 적그리스도의 표를 받았다면 그 사람은 영원한 저주를 받게 됩니다. 「이들에게는 하늘을 닫는 권세가 있어서 그들이 예언하는 날 동안 비를 오지 못하게 하고, 물을 피로 변하게 하는 권세도 있어 원하는 때면 언제든지 온갖 재앙으로 땅을 치리로다」(계 11:6). 비가 내리지 않는 능력과 물을 피로 변하게 하는 능력이라는 말씀으로 우리는 이 두 증인이 엘리야와 모세라는 것을 알 수 있습니다. 엘리야는 죽음을 보지 않고 하늘로 올라갔으며, 모세는 죽었지만 올라갔기 때문에 그의 시신을 찾을 수 없었습니다. 이 두 사람이 대환란 때 땅에 내려와 표적의 은사를 행할 것입니다.

「또 그들이 자기들의 증거를 끝마칠 즈음에 끝없이 깊은 구렁에서 올라오는 짐승이 그들과 전쟁을 하여 그들을 이기고 또 죽이리라. 그리하여 그들의 죽은 몸들이 큰 도성의 길거리에 놓이리니, 그곳을 영적으로는 소돔과 이집트라고 부르며 우리 주께서 십자가에 못박히신 곳이라」(계 11:7,8). 이곳은 예루살렘입니다. 「또 백성들과 족속들과 언어들과 민족들 중에서 온 사람들이 그들의 죽은 몸들을 사흘 반 동안 구경하며 그 죽은 몸들을 무덤에 장사하는 것을 허락하지 아니하리라」(계 11:9). 「사흘 반 후에 하나님께로부터 온 그 생명의 영이 그들에게로 들어가니 그들이 자기 발로 서더라. 그러자 그들을 바라보던 자들에게 큰 두려움이 임하더라.

그들이 하늘로부터 나는 큰 음성을 들었는데 그들에게 말하기를 "이리 올라오라." 하므로 그들이 구름을 타고 하늘로 올라가니 그들의 원수들이 그들을 바라보더라」(계 11:11,12).

이렇게 엘리야와 모세가 와서 표적의 은사를 보여주고 죽었다가 다시 부활해서 하늘로 올라갑니다. 그것을 보았음에도 불구하고 나중에 적그리스도의 표를 받으면 완전히 저주를 받고 불못에 가는 것입니다. 그런 능력을 맛보았어도 당장 배가 고프면 표를 받는 것이 인간입니다. 받지 않는 사람도 있겠지만 많은 사람들이 받을 것입니다.

성경에는 가난한 자들이 구원받고 부자들은 저주받은 마귀의 자식들이라고 말씀하는 구절들이 나옵니다. 그것을 교회 시대에 적용하면 성경에 모순이 있게 됩니다. 어떻게 부자라고 해서 모두 지옥에 가고 가난한 사람은 모두 구원을 받습니까. 복음을 전하다가 만나는 노숙자들 중에도 그리스도를 거부하는 사람들이 많은데 가난하다고 모두 하늘나라에 가는 것은 교회시대에는 맞지 않습니다. 그러나 그런 구절들이 대환란 때에는 그대로 적용이 됩니다. 그때에는 부자가 되고자 하는 사람들은 모두 적그리스도의 표를 받고 완전히 지옥의 자식이 됩니다. 이처럼 성경에는 모순이 없습니다. 단지 그 구절들이 어느 시대, 어느 대상에게 해당되는지를 목사들이 분명하게 가르치지 못하는 것이 문제입니다. 올바르게 가르칠 수 있는 많은 서적들과 자료들이 있는데도 불구하고 바르게 가르치지 않는 이유는 무엇 때문일까요.

교회시대에는 성령께서 떠나시지 않음

지금까지 히브리서 6장은 대환란 때의 상황이라는 것을 살펴보았습니다. 구원을 잃어버리는 것이 대환란 때에는 가능하지만 교회 시내에는 결코 가능하지 않습니다. 그 이유는 교회 시대에는 구원과 함께 성령 침례를 받으며 성령께서 결코 떠나지 않으시기 때문입니다. 「몸은 하나인데 많은 지체가 있고 한 몸에 지체는 많아도 모두 한 몸인 것처럼」(고전 12:12). 우리가 구원받을 때 성령님께서는 우리를 그리스도의 몸 안에 잠기게 하시는데, 이것이 성령 침례입니다. 이것은 물로 받는 침례가 아니라 성령님이 주시는 영적인 침례입니다. 구원받은 사람은 이 성령 침례를 통해 그리스도의 몸의 한 지체가 되기 때문에 지옥에 갈 걱정이 없습니다. 「이제 너희는 그리스도의 몸이요, 개별적으로는 그 지체들이라」(고전 12:27). 또한 성령께서는 우리를 인치시고 우리 안에 내재하십니다. 「너희도 진리의 말씀, 곧 너희 구원의 복음을 듣고서 그분을 신뢰하였으니 또 너희가 그분을 믿고서 약속의 그 성령으로 인침을 받은 것이니라. 이는 값 주고 사신 그 소유를 구속하기까지 우리의 유업의 보증이 되사 그의 영광을 찬양케 하려 하심이니라」(엡 1:13,14). 성령께서 구원받은 사람 안에 들어오셔서 인치시기 때문에 봉인이 되는 것입니다. 그렇기 때문에 성령이 떠나실 수 없습니다. 이 두 가지 사실만 가지고도 히브리서 6장이 교회 시대에 적용되지 않는다는 것을 알아야 합니다. 교회 시대에는 결코 성령의 동참자가 되었다가 다시 떨어져 나갈 수가 없습니다.

고린도전서 6장은 우리의 몸이 성전이라고 말씀합니다. 「또한, 너희 몸은 너희가 하나님으로부터 받은 바 너희 안에 계신 성령의 전인 것을 알지 못하느냐? 너희는 너희 자신의 것이 아니라. 너희는 값을 치르고 산 것이니 그러므로 하나님의 것인 너희 몸과 너희 영으로 하나님께 영광을 돌리라」(고전 6:19,20). 주님께서는 승천하시면서 제자들에게 성령이 오시면 성령께서 주시는 능력을 힘입어 주님을 증거하라고 말씀하셨습니다. 주님의 말씀대로 오순절에 성령께서 임하셨으며 그때로부터 성령께서는 구원받은 자들에게 성령 침례를 주시고 성령으로 인치시며 그들 안에 내재하십니다. 그러나 이는 그리스도의 몸이 이 세상을 떠나는 교회의 휴거 때까지만 지속됩니다. 휴거 이후 대환란 때에는 성령으로 인치심을 받는 그리스도의 몸은 지상에 없습니다. 대환란 때의 사람들은 예수님을 믿어서 성령의 동참자가 되지만 적그리스도의 표를 받으면 마귀의 자식이 되어 불못에 가게 됩니다. 그런데 그리스도의 몸이 그런 일이 일어나는 대환란 때에도 여전히 땅에 있다면 어떻게 되겠습니까. 그리스도의 몸이 지옥에 갈 수 없는 것입니다.

교회가 대환란을 통과한다는 것은 거짓입니다. 그리스도의 몸의 일부 지체는 지옥불에 떨어진다는 말이 되기 때문입니다. 따라서 그리스도의 몸은 대환란에 들어갈 수도 없고 데살로니가전서 4장의 말씀대로 휴거됩니다. 이때 주님께서는 이 땅의 올리브산에 오시지 않습니다. 주님의 지상 재림이 예언된 스카랴서 14장에서 주님은 올리브산에 말을 타고 내려오십니다. 그러나 데살로니가전서 4장에서 구원받은 사람들을 데리러 오실 때에는 공중에 재림하십니다.

교회는 대환란 전에 휴거됨

「형제들아, 잠든 자들에 관해서는 너희가 모르게 되는 것을 원치 아니하노니 이는 너희가 소망이 없는 다른 사람들과 같이 슬퍼하지 않게 하려는 것이라」(살전 4:13). 잠든 자들이란 교회 시대에 구원을 받고 몸이 죽은 사람들을 말합니다. 「예수께서 죽었다가 다시 살아나신 것을 우리가 믿는다면 그와 같이 하나님께서는 예수 안에서 잠든 자들도 그와 함께 데리고 오시리라」(살전 4:14). 그 사람들의 몸이 무덤에 있는데 어떻게 데리고 온다는 말입니까? 그들의 몸은 흙으로 돌아갔지만 혼은 현재 셋째 하늘에 주님과 함께 있습니다. 흙으로 돌아갔던 그 몸과 혼이 휴거 때 만나서 예수님과 같은 부활된 몸을 입는 것입니다. 이것이 고린도전서 15장의 부활이기도 합니다. 썩어질 것이 썩지 않을 것으로, 죽을 것이 죽지 않을 것으로 바뀝니다. 예수님의 영광된 몸으로 되는 것입니다. 이것이 현재 우리가 기다리는 구속입니다.

「우리가 주의 말씀으로 너희에게 이것을 말하노니 주께서 오실 때까지 살아남아 있는 우리가 잠들어 있는 자들보다 결코 앞서지 못하리라」(살전 4:15). 만일 지금 이 시간에 주님께서 오신다면 우리가 이 구절에서 말하는 "살아남아 있는 자들"이 되는 것입니다. 「주께서 호령과 천사장의 음성과 하나님의 나팔 소리와 함께 하늘로부터 친히 내려오시리니 그러면 그리스도 안에서 죽은 자들이 먼저 일어나고 그리고 나서 살아남아 있는 우리도 공중에서 주와 만나기 위하여 그들과 함께 구름 속으로 끌려 올라가리니, 그리하여 우리가 영원히 주와 함께 있으리라」(살전 4:16,17). 죽은 자들도, 땅 위에 살아남아 있는 자들도 변화된 몸을 입고 공중에서 만납니다. 그리스도의 몸은 이때 들림받은 뒤 더이상 지상에 남아있지 않습니다.

휴거가 일어난 뒤에는 그 몸의 지체가 되고 싶어도 때는 이미 늦습니다. 그래서 우리는 오늘 이 순간 구원을 받으라고 전하는 것입니다. 휴거가 일어난 뒤에는 예수님을 믿었어도 그리스도의 몸 안으로 들어가지 않으며 구원을 잃어버릴 수가 있습니다.

공중에서 주님과 만나는 것, 이것이 우리의 복된 소망입니다. 부활된 몸을 입고 나면 모든 것이 해결됩니다. 여러분의 고민이 무엇입니까. 질병, 통증, 고통, 모든 문제가 한순간에 해결됩니다. 돈 문제로 어려우십니까. 부활된 몸을 입고 셋째 하늘로 올라가는데 돈이 무슨 필요가 있습니까. 예수님의 부활된 몸은 벽을 통과하는가 하면, 눈 앞에서 바로 사라지기도 합니다. 차도 필요 없어집니다. 우리가 그 몸으로 변하면 모든 걱정이 다 사라집니다. 우리는 그 날을 기다리는 것입니다.

이런 구절들을 통해서 오늘날 교회 시대에는 믿고 구원받은 자 안에 계신 성령이 떠나시지 않는다는 것을 알 수 있습니다. 히브리서 6장의 말씀은 우리에게 해당되지 않습니다. 그러나 대환란 때는 성령의 동참자가 되고 그 능력을 맛본 자들이 적그리스도의 표를 받으면 구원을 잃을 수 있습니다. 그리스도의 몸이 떠나고 난 뒤 대환란 때에는 성령께서 구약 때와 거의 비슷하게 역사하십니다. 오순절 이전까지 구약 시대에 성령은 그 사람 안에 들어가서 능력으로 어떤 일을 행하시지만 그가 죄를 지으면 떠나셨습니다. 성령께서 떠날 수 있다는 것은 대환란 때에도 마찬가지이지만 구약 때와 다른 점은, 대환란 때에는 성령이 임했다가 적그리스도의 표를 받아 성령이 떠난다면 다시는 회개할 기회를 얻지 못하고 완전히 저주를 받는다는 것입니다.

사울 왕의 예를 보겠습니다. 「그러자 사무엘이 기름 뿔을 가지고 그의 형제들 가운데서 그에게 기름을 부으니 주의 영이 그 날로부터 다윗에게 임하시더라. 그리하여 사무엘이 일어나서 라마로 가니라. 주의 영이 사울에게서 떠나고 주로부터 온 악령이 그를 괴롭히더라」(삼상 16:13,14). 성령이 사울에게서 떠나신 이유는 그가 악한 마음을 가졌기 때문입니다.

「사울이 매우 노하였으며 그 말이 그를 불쾌하게 했으므로, 그가 말하기를 "그들이 다윗에게는 수만을 돌리고 내게는 수천을 돌리니, 그가 가질 것이 왕국 외에 더 무엇이 있겠는가?" 하고 그 날 이후로 사울이 다윗을 눈여겨보더라. 그 아침에 하나님으로부터 온 악령이 사울에게 임하여 그가 집 한가운데서 예언하였고」(삼상 18:8-10). 성령이 떠나고 악령이 임하자 사울은 예언을 했습니다. 오늘날 예언을 한다면서 성경과 관계 없는 것들을 말하는 목사들이 많은데, 그것은 성령이 아닌 악령이 임한 것입니다.

「다윗은 여느 때와 마찬가지로 손으로 연주를 하고 있었는데, 그때 사울의 손에 창이 있더라」(삼상 18:10). 구약 때에는 성령님이 이런 식으로 역사하셨기 때문에 다윗이 간음하고 살인하는 죄를 지었을 때 시편 51편의 기도를 한 것입니다. 「오 하나님이여, 내 안에 깨끗한 마음을 창조하시고 내 안에 바른 영을 새롭게 하소서. 주의 면전에서 나를 내어쫓지 마시고 주의 거룩한 영을 내게서 거두어 가지 마소서」(시 51:10,11). 히브리서 6장과 시편 51편 때문에 죄를 지으면 성령이 떠난다는 교리가 나왔습니다. 그러나 시편 51편에서 다윗이 한 기도는 구약 시대에 성령께서 역사하신 방법에 근거한 것입니다. 교회 시대에는 구원받은 사람 안에 성령께서 오셔서 그를 인치시고 내재하시기 때문에 떠나지 않으시지만, 구약 때에는 성령이 임했어도 죄를 지으면 성령이 떠나셨습니다. 교회 시대에 구원받은 사람이 성령이 떠나지 않도록 기도하는 것은 맞지 않습니다. 성령께서는 그 사람에게서 결코 떠나시지 않기 때문입니다. 목사들이 시편 51편을 설교하면서 성령이 떠난다고 가르치는 것은 구약 때의 성령의 역사와 신약 교회 시대, 대환란 때, 천년 왕국 때 성령의 역사가 각기 다르다는 것을 모르기 때문입니다.

대환란 때 짐승의 표를 받으면 불사름을 당함

「만약 떨어져 나간다면 다시 새롭게 하여 회개시킬 수 없나니, 이는 그들이 스스로 하나님의 아들을 다시 십자가에 못박아 공개적으로 조롱함이라. 이는 땅이 그 위에 자주 내리는 비를 흡수하여 밭 가는 자들에게 적합한 농작물을 내면 하나님께 복을 받으나, 만일 가시와 엉겅퀴를 내면 버림을 당하고 저주함에 가까워서 그 마지막은 불사름이 되기 때문이라」(히 6:6-8). 성령의 동참자가 됐지만 적그리스도의 표를 받고 저주를 받으면 나중에 불못에서 불사름을 당합니다. 쭉정이들이 불로 태워진다는 것은 마태복음 3장에 나옵니다. 성령 침례를 거설한 사람들은 불침례를 받습니다. 주님의 진노의 불을 받는 것입니다. 이것을 모르는 목사들이 회중을 향해 "불 받으라"고 하는 것은 사실상 지옥에 가라고 저주하는 것입니다. 주님께서 사도행전 1장에서 성령을 기다리라고 하시면서 성령이 오시면 성령으로 침례를 받으리라고 하셨지 성령 침례와 불 침례를 받으라고 하지 않으셨습니다.

「사랑하는 자들아, 우리가 이같이 말하지만 너희에게는 더 좋은 일들과 구원과 함께 올 일들이 있음을 확신하노라. 이는 하나님께서는 너희의 행위와 사랑의 수고를 잊으실 만큼 불의하지 아니하심이라. 그 사랑은 너희가 성도들을 섬겼고 또 지금도 섬김으로써 그분의 이름을 향해 보인 것이라. 우리는 너희 각자가 끝까지 소망의 온전한 확신을 향하여 같은 부지런함을 보여 주기를 바라노니」(히 6:9-11). 여기서 "끝까지"라는 단어가 나옵니다. 마태복음 24장에서 예수님께서 끝까지 견디는 자는 구원을 받는다고 하는데, 이것은 교회 시대에 적용되는 말씀이 아닙니다. 목사들이 구원은 예수님을 믿고 받지만 끝까지 견뎌야 구원을 잃어버리지 않는다고 가르치는 것은 대환란 때의 행위 구원 교리를 오늘날 가르침으로써 사람들을 지옥으로 보내는 것입니다.

「이는 너희가 게으른 자가 되지 아니하고 믿음과 인내를 통하여 그 약속들을 유업으로 받는 사람들을 따르는 자들이 되게 하려는 것이라」(12절). 행위가 필요하고 인내가 필요합니다. 요한계시록의 믿음과 행함이 그대로 나오는 것입니다. 「그가 그처럼 끈기 있게 견딘 후에 그 약속을 받았느니라」(15절). 끈기있게 견뎌야 합니다. 「그러므로 그는 또한 자기를 통하여 하나님께 나아오는 자들을 끝까지 구원하실 수 있으니」(히 7:25). 「우리에게는 위대한 대제사장, 곧 하늘들로 올라가신 하나님의 아들 예수께서 계시므로, 우리는 우리의 고백을 굳게 붙들어야 하리라」(히 4:14). 「그리스도는 자기 자신의 집을 맡은 아들이니, 만일 우리가 확신과 소망의 기쁨을 끝까지 굳게 붙들면 우리가 그의 집이라」(히 3:6). 「형제들아, 너희 중에 아무도 믿음 없는 악한 마음으로 살아 계신 하나님에게서 떨어지지 않도록 주의하라」(히 3:12). 떨어질 수가 있다고 성경은 말씀하는 것입니다.

히브리서 3:4부터는 출애굽 때의 예를 들고 있습니다. 주님께서는 유월절 양 사건으로 이스라엘 백성을 구속시켜서 이집트에서 데리고 나오십니다. 그러나 그때는 구약이기 때문에 믿음과 행함이 모두 있어야 했으며, 하나님께서 주신 율법을 지키지 않은 자들은 약속된 안식에 들어가지 못했습니다. 히브리서 3장은 그것에 대해 말씀하면서 대환란 때와 비교하는 것입니다. 구약 때 일어난 일이 대환란 때의 모형이 됩니다. 출애굽 때 유월절 양으로 구속받은 것으로 완결된 것이 아니었습니다. 이집트에서 나온 뒤 많은 사람들이 불복종하고 하나님의 계명을 지키지 않음으로써 지옥으로 갔습니다. 반복하지만, 이스라엘 백성이라고 해서 출애굽하고 나와서 모두 하늘나라에 간 것이 아닙니다. 이스라엘 백성이 유월절 사건으로 모두 출애굽을 했어도 후에 불복종한 사람들은 결국 지옥에 갔습니다. 마찬가지로 대환란 때 예수님을 믿었어도 나중에 적그리스도의 표를 받거나 하나님의 계명을 지키지 않으면 떨어져나갑니다. 그것이 히브리서 6장 본문의 말씀입니다.

「이는 우리가 처음의 확신을 끝까지 견고하게 붙들면 그리스도께 참여한 자가 되기 때문이라」(히 3:14). 끝까지 붙들어야 한다고 말합니다. 이것이 교회 시대에 적용되는 구절이라면, 끝까지 견디지 못하면 구원을 잃어버릴 수 있다는 말이 됩니다. 교회에 나와서 하나님께 드리는 경배에 빠지는 사람이 있다면 그것은 끝까지 견디는 것이 아니기 때문에 지옥에 간다는 것입니다. 다니던 교회에서 나가면 지옥에 간다고 가르치는 거짓 목사들은 이런 구절들을 악용합니다. 그러나 이 구절은 신약 교회 시대의 은혜 복음과 아무 상관이 없습니다. 신약 시대의 구원은 각 사람이 예수 그리스도를 자신의 구주로 믿는지에 달린 것입니다.

구약 때처럼 믿음 + 행위에 의한 구원

「말씀에 이른 바와 같이 "오늘 너희가 그의 음성을 듣거든 격노의 때와 같이 너희 마음을 완악하게 하지 말라." 하셨으니 이는 어떤 자들이 말씀을 들을 때에 격노케 하였음이라. 그러나 모세에 의하여 이집트에서 나온 모든 사람이 그리한 것은 아니었느니라. 또 하나님께서 사십 년 동안 누구에게 노여워하셨느냐? 범죄하여 그들의 시체가 광야에 쓰러진 자들에게가 아니냐? 또 하나님께서 누구에게 맹세하시어 그의 안식에 들어오지 못하리라고 하셨느냐? 믿지 아니한 자들에게 하신 것이 아니냐? 그러므로 우리가 보건대, 그들이 들어가지 못한 것은 믿음이 없었기 때문이니라」(히 3:15-19). 「복음을 전해 들은 것은 그들이나 우리나 마찬가지나, 전파된 말씀이 그들에게 유익을 주지 못한 것은, 그것을 들은 자들이 믿음을 결합시키지 못했기 때문이라」(히 4:2). 여기서 "복음을 전해 들은 것"은 출애굽 사건을 말합니다. 그 당시의 믿음은 예수 그리스도를 믿는 믿음이 아니라 출애굽 당시에 이스라엘이 가져야 했던 믿음, 즉 하나님을 믿고 그에 따른 행함이 요구되는 믿음입니다. 많은 사람들이 히브리서 11장을 소위 '믿음 장'이라고 부르며 교회 시대의 믿음으로 보는 오류를 범합니다. 히브리서 11장을 오늘날 우리를 위한 영적인 교훈으로 삼는 것은 괜찮지만, 교회 시대의 믿음에 대한 교리로 보아서는 안 됩니다. 히브리서 11장에서 말하는 믿음의 조상들이 가졌던 믿음은 모두 구약 시대의 믿음, 즉 행함이 따르는 믿음입니다.

「믿음으로 아벨은 카인보다 더 나은 제사를 하나님께 드림으로써 의로운 자라고 증거를 받았으니」(히 11:4). 아벨이 하나님을 믿고 그 믿음만으로 영원한 생명을 받았습니까. 아닙니다. 더 나은 제사를 드렸기 때문에 죄사함을 받았습니다. 이처럼 구원에 있어 믿음과 행함이 모두 필요했던 구약 시대의 믿음은 신약 은혜 시대의 믿음과 다릅니다. 그렇기 때문에 갈라디아서에서는 "믿음이 온 후로"라고 말씀한 것입니다. 구약 시대에는 믿음이 없었다는 것이 아니라 구약 시대의 믿음과 신약 시대의 믿음이 다르다는 말을 하는 것입니다. 신약 시대의 믿음은 예수 그리스도를 믿음으로써 하나님의 의를 받는 것입니다. 그러나 구약 때에는 하나님의 말씀을 믿을 뿐 아니라 그것을 행해야 합니다. 노아, 아브라함, 모두 마찬가지였습니다.

「믿음으로 노아는 아직 보지 못한 일들에 대해 하나님의 경고하심을 받고 두려움으로 행하여 방주를 예비함으로 자기 집안을 구원하였으니, 그것을 통하여 세상을 정죄하고 믿음에 의한 의의 상속자가 되었느니라」(히 11:7). 이 믿음은 교회 시대에 예수 그리스도를 믿는 믿음이 아닙니다. 하나님께서 방주를 지으라고 말씀하셨을 때 노아는 그 말씀을 믿을 뿐 아니라 그 방주를 지었기 때문에 구원을 받았습니다. 만약에 모두 멸망시키려 하신다는 하나님의 말씀을 믿었으나 게을러서 방주를 안 지었더라면 구원받지 못하고 지옥에 갔을 것입니다. 이렇게 노아의 믿음과 우리의 믿음은 같지 않습니다. 히브리서 11장에 나오는 믿음의 조상들은 모두 구약 시대의 믿음을 가졌던 사람들이며, 대환란 때에 이런 믿음이 필요해지기 때문에 히브리서에 다시 그들의 믿음을 모형으로 제시하는 것입니다.

많은 사람들이 혼동하는 오늘 본문 구절을 정확하게 이해하는 것이 매우 중요합니다. 오늘날에는 한번 구원받으면 성령께서는 떠나시지 않습니다. 구원은 행함으로 받지 않기 때문에 행함이 없다고 해서 구원을 잃어버리지 않습니다. 구원은 값없이 받는 것입니다. 하나님 앞에 진정으로 회개하는 마음을 가지십시오. 지금까지 잘못된 길로 가고 있었으나 예수님을 믿고 바로 살겠다는 마음의 결정을 하는 것이 회개입니다. 그런 회개하는 마음으로 로마서 10: 9,10을 믿으면 그 자리에서 구원을 받을 수 있습니다.

「네가 네 입으로 주 예수를 시인하고 또 하나님께서 그를 죽은 자들로부터 살리신 것을 네 마음에 믿으면 구원을 받으리라. 이는 사람이 마음으로 믿어 의에 이르고 입으로 고백하여 구원에 이르기 때문이라」(롬 10:9,10). 우리가 구원받을 수 있는 유일한 길은 예수 그리스도께서 십자가에서 하신 일을 믿는 것입니다. 예수님께서 육신으로 오신 하나님이시며, 자신의 죄를 대신해서 십자가에서 죽으셨다가 다시 살아나신 것을 믿으면 구원받는다는 것은 하나님의 약속입니다. 이처럼 쉬운 하나님의 구원 계획을 믿지 않는 것은 그분을 거짓말쟁이로 만드는 것입니다. 평생 종교 생활을 힘들게 하다가 지옥에 가지 말고 예수님께서 완성하신 구속 사역을 믿고 구원받으시기를 간절히 기도합니다.

?

구원에 관한
문제의 구절들

"침례를 받으라"

베드로가 그들에게 답변하기를 "회개하라. 그리고 죄들을
사함받은 것으로 인하여 너희 각자는 예수 그리스도의 이름으로
침례를 받으라. 그리하면 너희가 성령의 선물을 받으리라.

행 2:38

세례받아야 구원받는가

「이 예수를 하나님께서 살리셨으니 우리 모두가 그 일에 관한 증인이라. 그러므로 그가 하나님의 오른손으로 높임을 받고, 또 아버지로부터 성령의 약속을 받아서, 지금 너희가 보고 듣는 이것을 부어 주셨느니라. 다윗은 하늘들로 올라가지 못하였으나 스스로 말하기를 '주께서 내 주께 말씀하시기를, 내가 네 원수들을 네 발판으로 삼을 때까지 너는 내 오른편에 앉아 있으라 하셨도다.' 하였으니 그러므로 이스라엘의 온 집이 분명히 알 것은, 너희가 십자가에 못박은 이 예수를 하나님께서 주와 그리스도가 되게 하신 것이라."고 하더라. 그들이 이 말을 듣고 마음에 찔림을 받아 베드로와 다른 사도들에게 말하기를 "형제 여러분, 우리가 어찌하여야 하리이까?"라고 하니 베드로가 그들에게 답변하기를 "회개하라. 그리고 죄들을 사함받은 것으로 인하여 너희 각자는 예수 그리스도의 이름으로 침례를 받으라. 그리하면 너희가 성령의 선물을 받으리라. 이 약속은 너희와 너희 자녀에게 한 것이며, 또한 먼 곳에 있는 모든 사람, 즉 주 우리 하나님께서 부르실 모든 사람에게 하신 것이라."고 하더라. 또 여러 가지 다른 말로 증거하고 권고하여 말하기를 "너희는 이 사악한 세대로부터 구원을 받으라."고 하더라. 그러자 그의 말을 기꺼이 받아들인 사람들은 침례를 받더라. 그리하여 그 날에 약 삼천 명의 사람이 더 늘었더라」(행 2:32-41).

　침례(세례)를 받아야 성령을 받는다고 말씀하는 본문 구절들을 바르게 이해하지 못하기 때문에 많은 한국 교회들이 오직 은혜로 받는 복음을 분명히 전하지 못하고 사람들을 혼란에 빠지게 하고 있습니다. 성경적으로 믿는 침례교회들은 로마서 10:9절을 구원의 교리로 가르치는 반면 침례교 외의 모든 교단들의 교리서는 사도행전 2:38을 구원론으로 가르칩니다.
　대표적 예로 로마 카톨릭 교회는 예수 그리스도를 영접할 능력이 없는 유아에게 세례를 주는 비성경적인 교리와 실행에 대하여 사도행전 2장의 본문 구절을 근거로 제시하며, 또 로마서 6장의 말씀을 들어 세례가 구원의 조건이라고 가르칩니다. 「예수 그리스도 안으로 침례받은 우리가 그의 죽으심 안으로 침례받은 것을 알지 못하느냐? 그러므로 우리가 죽음 안으로 침례를 받아 그와 함께 장사되었으니 이는 아버지의 영광으로 인하여 그리스도께서 죽은 자들로부터 일으켜지심과 같이 우리도 또한 생명의 새로움 가운데서 행하게 하려 함이니라」(롬 6:3,4).

침례에 의한 구원을 주장하는 자들은 에베소서를 근거로 제시하기도 합니다.「한 분 주요, 한 믿음이며, 한 침례이고 한 분 하나님, 곧 모든 것의 아버지시니 그분은 모든 것 위에 계시며 모든 것을 통하여 너희 모두 안에 계시느니라」(엡 4:5,6). 여기서의 "한 침례"를 물로 받는 침례로 보고 잘못 믿는 것입니다. 이 구절을 근거로 해서 많은 교단들이 물 침례가 구원의 조건이라고 가르칩니다. 오늘날 교계에 여러 교단들이 생겨난 이유는 서로간에 교리가 다르기 때문입니다. 침례교 외의 모든 교단들, 즉 장로교, 성공회, 감리교, 성결교, 웨슬리안교 등은 카톨릭 교회에서 분리되어 나왔다고 주장하면서도 예수 그리스도의 이름으로 침례(세례)를 받아 죄 사함을 받는다고 가르치는 모순을 범하고 있습니다. 오늘은 사도행전을 전체적으로 살펴보면서 구원의 메시지가 어떻게 달라졌는지를 살펴보려 합니다.

점진적으로 주어진 계시 - 믿게 하기 위해서

본문 구절과 연관된 문제를 해결하기 위해서는 두 가지를 알아야 합니다. 첫째, 성경은 점진적인 계시를 담고 있다는 것입니다. 온 세상을 창조하신 하나님께서 이 세상을 다스리시려면 백성이 필요했는데, 하나님께서 최초로 창조하신 백성이 왕이신 하나님의 말씀에 복종하는 대신 사탄을 따라갔습니다. 아담의 죄로 인해서 모든 인류가 죄인이 되었고 태어날 때부터 죄인으로 태어나게 되었습니다. 그런 죄인들에게 하나님께서는 말씀을 통해 자신의 뜻을 계시하셨는데, 성경 66권을 인간에게 주실 때 진리를 점진적으로 계시하셨습니다. B.C. 4000년에 창세기부터 요한계시록까지 한꺼번에 말씀을 주지 않으셨다는 말씀입니다. 아브라함의 때와 모세의 때에 한꺼번에 주신 것이 아니라 점진적으로 주셨습니다. 성경의 모든 책들은 B.C. 1500년부터 A.D. 100년 사이에 걸쳐서 기록되었습니다.

이렇게 말씀을 점진적으로 주신 이유는 모든 말씀을 한꺼번에 주면 인간이 이해할 수도 없고 믿지도 못하기 때문입니다. 예수님에 대해서 구약의 무수한 구절에서 예언을 했는데도 불구하고 예수님께서 직접 나타나시자 그 백성이 한 일은 그분을 십자가에 못 박은 것이었습니다. 그들은 말씀을 믿지 못한 것입니다. 하나님께서 성경을 한꺼번에 주셨다면 하나님 말씀을 믿고 구원받을 사람은 한 사람도 없었을 것입니다. 예수님께서 지상 사역을 위해 오셨을 당시에도 사람들은 예수님의 말씀을 이해하지 못했습니다. 베드로조차도 주님께서 십자가 사건을 미리 말씀해 주셨음에도 불구하고 십자가로 가신다고 하자 그것을 막다가 주님께 "사탄"이라는 소리를 들어야 했습니다. 주님과 3년 반이나 함께 다녔던 제자들조차 앞으로 있을 십자가 사건을 이해하지 못했던 것입니다. 주님의 부활은 더더욱 이해하지 못했습니다.

그런데 성경 66권을 수천 년 앞서서 모두 주셨다면 인간이 그것을 다 이해하고 믿었겠습니까. 여기까지는 무죄의 시대이고, 이 시대는 율법 시대이고, 그 뒤에는 예수님께서 오셔서 은혜의 복음 시대가 열리고, 그 뒤에 대환란이 오고, 그 뒤에 천년 왕국, 영원 세계가 온다고 체계적으로 이해했겠습니까. 그것은 불가능한 일입니다. 그렇기 때문에 주님께서는 인간이 이해할 수 있도록 자신의 뜻을 조금씩 계시해 주셨습니다.

우리가 성경을 읽고 구원받을 수 있는 것은 성경이 하나님의 말씀인 것을 믿기 때문에 가능한 일입니다. 성경은 역사적인 사실뿐 아니라 예언에 있어서도 전혀 오류가 없습니다. 성경의 예언들이 성취되었다는 것은 성경이 하나님 말씀이라는 증거입니다. 다니엘서에는 왕국들에 대한 예언이 나옵니다. 바빌론이 무너지고 메데 페르시아가 나오고 그리스, 로마가 나옵니다. 이런 왕국들이 일어나기도 전에 하신 예언이 역사 속에서 정확하게 성취되었습니다. 이사야서에 지구가 둥글다고 기록된 것도 과학적으로는 수천 년 뒤에야 증명되었습니다. 성경에는 그 어느 면에서도 오류가 없기 때문에 인간은 성경이 하나님의 말씀이라는 것을 알 수 있고 믿을 수 있습니다.

예수님의 생애에 있어서도 주님의 탄생, 죽음 등 많은 구약의 예언들이 성취된 것을 통해 성경이 하나님의 말씀인 것을 믿을 수 있습니다. 그렇지만 믿지 않는 사람들도 많습니다. 2천 년 동안 은혜의 복음을 전하는데도 수많은 사람들이 믿지 않습니다. 그렇기 때문에 주님께서는 진리를 주실 때 한꺼번에 주시지 않는 것입니다. 예수님께서도 제자들이 이해하지 못할 부분은 설명하시지 않고 나중에 알게 된다고만 말씀하셨습니다. 하나님께서는 인간의 한계를 아시기 때문에 그에 따라 주님의 말씀을 점진적으로 계시하신 것입니다.

다니엘서 12장에 주님께서 미래에 대한 예언의 말씀을 보겠습니다.「내가 들었으나 깨닫지는 못하였더라」(단 12:8). 주님께서 대환란에 대해서 말씀하시는데 다니엘처럼 현명한 사람도 전혀 이해하지 못했습니다.「내가 들었으나 깨닫지는 못하였더라. 그 때에 내가 말하기를 "오 내 주여, 이러한 일들의 마지막에는 어떻게 되겠나이까?" 하였더니, 그가 말씀하시기를 "다니엘아, 네 길을 가라. 이는 그 말씀들이 마지막 때까지 닫혀 있고 봉해져 있을 것임이라」(단 12:8,9). 다니엘이 이해하지 못하겠다고 말씀드리자 주님께서는 그 말씀들을 봉인하셨습니다.「내가 들으니, 강물 위에 있던 세마포를 입은 사람이 그의 오른손과 그의 왼손을 하늘로 들어올리고 영원히 사시는 분으로 맹세하기를 "한 때와 두 때와 반 때가 되리니, 그가 거룩한 백성의 권세를 흩어 버리는 것을 마치게 되면 이 모든 일이 끝나게 되리라." 하더라」(7절). 대환란의 후 삼년 반에 대한 말씀인데 다니엘은 들었으나 깨닫지는 못했습니다.

마태복음, 야고보서, 히브리서 - 전환기적 책

하나님께서는 점진적으로 말씀을 밝혀주십니다. 율법 시대가 끝나고 십자가 사건이 일어나는데 예수님께서 오셨을 당시에는 율법 시대였습니다. 그렇기 때문에 마태복음은 행위 구원을 말씀하는 것이고 예수님 또한 율법을 지키신 것입니다. 마태복음은 구약에서 신약으로 넘어오는 전환기적인 책이기 때문에 어렵습니다. 마태복음, 사도행전, 히브리서, 야고보서 등 전환기를 다루는 책에서 이단 교리가 많이 나오는 이유가 거기에 있습니다. 그런 책으로 구원론을 정립하면 반드시 행위에 의한 구원을 가르치게 되어 있습니다. 그래서 이단들이 오직 은혜로만 받는 복음을 전하지 못하는 것입니다.

사도행전은 전환기를 다루는 책입니다. 이 시기는 주님의 십자가 사건 뒤에 유대인들에게 먼저 복음이 전해졌는데 그들이 복음을 거절함으로써 복음이 이방인에게 전파되기 시작하는 때입니다. 성경이 진리를 점진적으로 계시한다는 것을 분명히 알지 못하면 사도행전 2:38을 정확하게 이해할 수 없습니다. 점진적으로 진리가 계시되지 않으면 인간이 믿지 못하며, 믿지 못한다면 성경을 주시는 것이 아무 소용이 없어집니다.

「예수께서 고난을 당하신 후 자신이 살아 계심을 그들에게 많은 무오한 증거들로 보여 주시고 사십 일 동안 그들에게 보이시며 하나님의 나라에 관한 일들을 말씀하셨노라. 또 사도들과 함께 모이셨을 때에 그들에게 예루살렘을 떠나지 말고 아버지의 약속을 기다려야 한다고 명령하셨으니 주께서 말씀하시기를 "그것은 너희가 내게서 들은 바니라. 요한은 정녕 물로 침례를 주었으나 너희는 여러 날이 지나지 않아 성령으로 침례를 받으리라."고 하시더라. 그러므로 그들이 함께 모였을 때에 주께 물어 말씀드리기를 "주여, 이 때에 이스라엘에 그 왕국을 다시 회복하시겠나이까?" 하니 주께서 그들에게 말씀하시기를 "너희에게는 그 때나 시기를 알게 하신 것이 아니요, 아버지께서 자신의 권한에 두셨느니라」

(행 1:3-7). 사도행전 1장에서 그들이 왕국을 기다렸다는 것을 알 수 있습니다. 주님께서는 그 왕국을 건설하기 위해 메시아로 오셨지만 유대인들은 왕으로 오신 메시아를 죽였습니다. 주님께서 부활하신 뒤 제자들에게 왕국에 대해 말씀하실 때 왕국의 시기를 묻는 그들에게 그 때나 시기는 그들이 알 수 없고 아버지께서 자신의 권한에 두셨다고 말씀합니다. 이것을 읽으면서 오늘날 우리가 전하는 은혜의 복음과 메시지가 다르다는 것을 알아야 합니다.

「그러나 성령께서 너희에게 임하시면 너희가 능력을 받으리니 그러면 예루살렘과 온 유대와 사마리아와 땅 끝까지 이르러 내게 증인이 되리라."고 하시니라」(행 1:8). 주님은 이 말씀을 마치시고 승천하십니다. 그 뒤 사도행전 2장에서 주님께서 약속하신 성령께서 임하십니다. 당시에 제자들이 알고 있던 것은 주님께서 함께 계셨던 3년 반의 기간과 구약성경, 그리고 부활하신 뒤의 40일이 전부였습니다. 그런 상태에서 제자들이 점진적으로 변하는 과정을 사도행전에서 볼 수 있습니다. 이것을 알아야 사도행전을 올바로 이해할 수 있습니다.

「그후 오순절 날이 되자 그들이 다 하나가 되어 한 장소에 모였는데 갑자기 하늘에서 거친 강풍 같은 소리가 나더니 그들이 앉아 있는 온 집안을 가득 채우더라. 거기에 불 같은 모양으로 갈라진 혀들이 나타나 그들 각 사람 위에 머물더니 그들 모두가 성령으로 충만하여 성령께서 그들에게 발설하게 하신 대로 다른 방언들로 말하기 시작하더라」(행 2:1-4). 여기서의 "방언"은 언어라는 것을 그 다음 이어지는 구절에서 알 수 있습니다.

「당시 예루살렘에는 신앙심이 깊은 유대인들이 천하 각국으로부터 와서 머물고 있었는데 그때 이 소문이 퍼지자 무리가 함께 모여 혼란이 생겼으니 이는 각 사람이 자기 나라 말로 그들이 말하는 것을 들었기 때문이라」(행 2:5,6). 성경에서 방언은 마지막 때 미혹의 영이 주는 이상한 소리가 아니라 "언어"입니다. 그런데 주님께서 약속하신 대로 오순절에 성령이 최초로 임했을 때 물침례는 전혀 등장하지 않습니다. 사도행전 2장 어디에도 물침례는 나오지 않는데 성령께서 임하신 것입니다. 이것은 유대인들에게 복음의 문을 열어주시는 사건이었습니다. 그 뒤 사도행전 8장에서 사마리아인들이 믿었을 때, 그리고 10장에서 이방인 코넬료가 구원받을 때 다시 한 번 성령이 가시적으로 임하시는 것을 볼 수 있습니다.

다시 사도행전 2장으로 돌아와서, 이스라엘 백성들은 오순절에 일어난 사건을 보고 사도들이 설교하는 것을 듣고, 자신들이 죽인 예수께서 구약에서 예언한 메시아라는 것을 깨닫습니다. 「그러므로 이스라엘의 온 집이 분명히 알 것은, 너희가 십자가에 못박은 이 예수를 하나님께서 주와 그리스도가 되게 하신 것이라."고 하더라」(행 2:36). 이 말씀은 당시 모여 있던 유대인들을 대상으로 전한 것입니다.

전환기적 구원: 회개+침례, 대상: 메시아를 죽인 유대인들

「그들이 이 말을 듣고 마음에 찔림을 받아 베드로와 다른 사도들에게 말하기를 "형제 여러분, 우리가 어찌하여야 하리이까?"라고 하니」(행 2:37). 이 구절을 사도행전 16장에서 빌립보 간수가 한 말, 「선생님들이여, 내가 구원을 받으려면 어떻게 해야 하나이까?」와 비교해 보십시오. 이 유대인들은 구원에 대해 묻는 것이 아니라, 메시아를 죽인 것에 대해 마음에 찔림을 받고 이제 어떻게 해야 하는지를 묻는 것입니다. 이에 베드로는 왕으로 오신 메시아를 죽인 것을 회개하라고 말합니다. 「베드로가 그들에게 답변하기를 "회개하라. 그리고 죄들을 사함받은 것으로 인하여 너희 각자는 예수 그리스도의 이름으로 침례를 받으라. 그리하면 너희가 성령의 선물을 받으리라」(행 2:38). 죄사함을 받기 '위해서' 회개하라는 것이 아닙니다. 우리는 복음을 전할 때 죄 사함을 받기 위해 예수 그리스도를 믿으라고 합니다. 그러나 여기서 이스라엘 백성은 율법 시대를 살면서 율법을 지키다가 죄를 지으면 동물의 피로써 일시적으로 죄들의 사함을 받았습니다. 그것에 대해 말씀하는 것이지 오늘날 우리가 전하는 것처럼 예수님을 믿고 죄사함을 받으라는 것이 아닙니다.

"그리고 죄들을 사함받은 것으로 인하여 너희 각자는 예수 그리스도의 이름으로 침례를 받으라. 그리하면 너희가 성령의 선물을 받으리라." 교회 시대에 은혜의 복음을 믿고 구원받은 사람들의 침례는 마태복음 28장 말씀대로 아버지와 아들과 성령의 이름으로 받는 것입니다. 그러나 본문은 유대인들을 대상으로 말씀하는 것이고, 메시아를 죽인 것에 대해서 회개하고 물침례를 받으면 성령을 받는다는 말씀입니다. 「또 여러 가지 다른 말로 증거하고 권고하여 말하기를 "너희는 이 사악한 세대로부터 구원을 받으라."고 하더라」(행 2:40). 이 사악한 세대란 메시아를 죽인 세대를 말합니다.

이후부터 점진적으로 달라지는 것을 볼 수 있습니다. 사도행전 2장에서 성령이 임했고, 그곳에 모인 사람들이 성령을 받기 위해서는 예수 그리스도의 이름으로 침례를 받아야 했습니다. 이것은 오늘날 우리에게 해당되는 것이 아니라 사도행전 2장 당시 예루살렘에 있던 유대인들에게 해당된 말씀입니다. 그렇게 함으로써 그 세대로부터 구원을 받으라는 메시지입니다. 그러나 사도행전 3장의 메시지는 좀 더 달라집니다. 「그러므로 너희는 회개하고 돌이키라. 그러면 주의 임재하심으로부터 새롭게 되는 때가 올 때 너희 죄들이 지워지리라」(행 3:19). 역시 오늘날 은혜의 복음과는 다른 메시지를 전합니다. 아직까지도 앞으로 도래할 왕국에 대해 말씀하면서 그때에 죄들이 지워지리라는 말씀을 전합니다. 이것은 히브리서 8장에 나오는, 이스라엘 집과 유다 집에 주시는 새 언약을 말하는 것입니다. 이스라엘 백성의 회복에 관한 말씀입니다. 오늘날 우리들이 아니라 당시에 왕국을 기다렸던 이스라엘 백성에게 해당되는 말씀입니다.

「그러므로 너희는 회개하고 돌이키라. 그러면 주의 임재하심으로부터 새롭게 되는 때가 올 때 너희 죄들이 지워지리라.」 이것이 오늘날의 구원과 다른 이유는, 오늘날에는 예수 그리스도를 믿을 때 즉각적으로 과거, 현재, 미래의 모든 죄가 사함을 받기 때문입니다. 성경의 모든 구절을 무조건 자신에게 적용해서는 안 되는 이유가 여기 있습니다.

「또 하나님께서 전에 너희에게 전파된 예수 그리스도를 보내시리라. 하늘은 만물이 회복될 때까지 그분을 마땅히 받아들여야 하나니 이는 하나님께서 세상이 시작된 이래로 이 일에 관하여 그의 모든 거룩한 선지자들의 입을 통하여 말씀하신 바니라」(행 3:20,21). 베드로는 3장에서 이렇게 설교하고, 그들이 죽인 메시아이신 그리스도의 죽음, 부활에 대해서 계속해서 설교를 합니다. 그 뒤 7장에서 스데반이 설교를 하는데, 여기에서 예루살렘에 있는 이스라엘 백성이 민족적으로 그 말씀을 거절하기 때문에 복음은 순차적으로 사마리아인과 이방인들에게로 넘어가게 됩니다.

성경은 점진적인 계시를 담고 있습니다. 부활하신 주님은 제자들이 모인 자리에서 생선과 벌집을 드셨습니다. 그때 만일 주님이 제자들에게 이제부터 돼지고기를 구워 먹어도 괜찮다고 하셨으면 어떻게 됐겠습니까. 모두 심장마비에 걸렸을 것입니다(행 10:14 참조). 하나님께서는 진리를 점진적으로 계시하셔서 인간으로 하여금 이해할 수 있도록 하신 것입니다. 그런 과정 속에서 점진적으로 사도들이 설교한 내용이 달라졌는데 사람들은 이것을 알지 못하고 사도행전, 마태복음, 히브리서가 모두 동일하게 오늘날 우리에게 적용되는 것이라고 생각합니다. 그렇게 되면 믿음만으로 구원받는다는 교리가 나올 수 없습니다.

많은 목사들이 혼동 상태에 있는 이유가 바로 그것입니다. 바울서신으로 설교할 때는 예수님을 믿음으로써만 구원받는다고 하고 그 다음 주에는 사도행전 2:38을 가지고 물침례를 받아야 구원받는다고 설교합니다. 히브리서에 가서는 또 구원을 받았다가 잃어버릴 수 있다고 말합니다. 이는 그들이 시대에 따라 인간을 다른 방법으로 다루고 구원하신 하나님의 경륜을 무시한 신학 체계를 배웠기에 하나님께서 점진적으로 진리를 계시하신 사실을 믿지 않기 때문입니다. 창세기부터 요한계시록까지 모든 성경이 오늘날 우리의 구원에 적용된다고 믿으면 결국 하루는 은혜의 복음을 전하고 하루는 행위에 의한 구원복음을 전할 수밖에 없습니다.

「그들이 이런 말을 듣고 마음이 상하여 그를 향해 이를 갈더라. 그러나 그는 성령으로 충만하여 하늘을 주시하여 우러러보니 하나님의 영광과 예수께서 하나님의 오른편에 서신 것을 보고」(행 7:54,55). 성경 전체에서 예수님께서는 하나님의 오른편에 앉아 계신다고 묘사되는데 오직 이 구절만 주님께서 서 계시다고 말씀합니다. 서 계시면서 바로 내려오실 준비를 갖추신 것이었습니다. 주님께서 사도행전 1장에서 왕국이 임하는 것에 대해 말씀하신 뒤 올라가셨기 때문에 제자들이 왕국이 임하는 것을 기대했던 것은 당연한 일이었습니다. 유대인들이 만일 스데반이 그 당시 전파한 말씀을 받아들였더라면 예수님께서 오시고 휴거가 일어나며 바로 그 자리에서 대환란이 일어났을 것입니다. 그 다음 주님께서 재림하시고 천년 왕국이 도래했을 것입니다. 사도행전 7장은 왕국이 7년 안에 올 수 있는 상황이었습니다. 그러나 그들은 주님을 거절했습니다.

「말하기를 "보라, 하늘들이 열리고 인자가 하나님의 오른편에 서신 것을 보노라." 하니 그때 그들이 큰 소리를 지르며 자기들의 귀를 막고 일제히 그에게 달려들어 그를 성읍 밖으로 끌어내어 돌로 치고 증인들은 겉옷을 벗어 사울이라고 하는 한 젊은이의 발 앞에 놓더라. 그들이 스데반을 돌로 치니 그가 하나님을 부르며 말하기를 "주 예수여, 나의 영을 받아 주소서." 하고」(행 7:56-59). 여기서 주목할 것은 스데반이 「하나님을 부르며 말하기를 "주 예수여」라고 한 것입니다. 이것을 통해 예수님께서 하나님이신 것을 알 수 있는데 변개된 성경에는 "하나님을"이 삭제되었습니다.

전환기적 구원: 믿음 + 안수, 대상: 사마리아인들

이렇게 이스라엘 백성은 7장에서 민족적으로 그리스도를 거부하고 스데반을 죽였으며, 이제 8장에서는 복음이 사마리아인들에게 전파됩니다. 사마리아인들은 이방인과 유대인들의 혼혈 민족으로서 유대인들의 멸시를 받았습니다. 「그러나 사람들은 빌립이 하나님의 나라와 예수 그리스도의 이름에 관한 일들을 전파하는 것을 믿었을 때 남녀가 모두 침례를 받으니라」(행 8:12). 「그들이 내려가서 사마리아인들이 성령을 받도록 기도하니」(행 8:15) 12절에서 사람들이 침례를 이미 받았는데 15절에서 사도들이 성령을 받도록 기도하자 성령을 받았습니다. 분명히 2장에서 침례를 받으면 성령을 선물로 받는다고 말씀한 것과 다르다는 것을 알 수 있습니다. 사도행전의 이런 구절들에 근거해서 구원론을 가르친다면 여러 개의 구원론이 나올 수 있다는 말이 됩니다. 정리하면, 8장에서 사마리아인들은 침례를 받았는데 아직 성령을 받지 않았습니다. 사마리아인들은 정통성이 없었으므로 유대인 사도들이 가야 했던 것입니다.

「예루살렘에 있던 사도들이 사마리아가 하나님의 말씀을 받았다는 말을 듣고 그들이 베드로와 요한을 그 사람들에게 보내니라. 그들이 내려가서 사마리아인들이 성령을 받도록 기도하니 (이는 성령께서 아직 그들 가운데 아무에게도 내리신 적이 없고 다만 주 예수의 이름으로 침례만 받았음이라.) 그때 두 사도가 그들에게 안수하니 그들이 성령을 받으니라」(행 8:14-17). 2장에서는 물침례를 받아 성령을 받고 8장에서는 안수함으로써 성령을 받았습니다. 따라서 사도행전 2장에만 근거해서 침례를 받아야 구원받는다고 할 수가 없는 것입니다. 이것은 성경에 모순이 있는 것이 아니라 하나님의 진리가 점진적인 계시를 통해 주어진 것입니다.

믿음으로 받는 구원, 대상: 에디오피아 내시

이후에 빌립이 가서 에디오피아 여왕 칸타케 휘하에 있던 내시에게 복음을 전합니다. 「그가 일어나서 떠나더라. 그런데, 보라, 에디오피아 사람, 곧 에디오피아 여왕 칸다케 휘하에서 모든 재정을 담당하는 큰 권세를 지닌 내시가 예루살렘에 경배드리러 왔다가 돌아가는데 마차에 앉아서 선지자 이사야의 글을 읽고 있더라. 그때 성령께서 빌립에게 말씀하시기를 "가까이 가서 이 마차에 함께 타라." 하시더라. 그러므로 빌립이 거기로 달려가니 그가 선지자 이사야의 글을 읽고 있는 것을 듣고 말하기를 "당신이 읽고 있는 것을 이해하느뇨?" 하니 그가 말하기를 "나를 지도하는 이가 아무도 없으니 어찌 깨달을 수 있으리요?" 하며 빌립을 청하여 마차에 올라 자기와 함께 앉게 하더라. 그가 읽고 있는 성경 구절은 이것이니 즉 "그는 도살할 양처럼 끌려갔고, 또 털 깎는 자 앞에 잠잠한 어린양 같이 그의 입을 열지 아니하더라. 그가 굴욕 중에 부당한 재판을 받았으니 누가 그의 세대를 선포하리요? 이는 그의 생명이 이 땅에서 끊어졌음이로다." 이었더라. 그 내시가 빌립에게 대답하여 말하기를 "당신께 부탁하노니 선지자의 이 말은 누구에 관한 것이뇨? 자신이뇨, 아니면 다른 사람이뇨?" 하니 빌립이 입을 열어 이 성경에서 시작하여 그에게 예수를 전하니라. 그리하여 그들이 길을 따라가다가 물이 있는 곳에 이르자 그 내시가 말하기를 "보라, 여기 물이 있도다. 내가 침례를 받는 데 무슨 거침이 있느뇨?"라고 하니」(행 8:27-36).

　이 내시는 빌립이 전하는 복음을 듣고 침례를 받겠다고 합니다. 이때 빌립이 내시가 믿기 전에 침례를 주지 않은 이유는 8장에서 이미 침례를 받음으로써 구원받는 것이 아님을 알았기 때문입니다. 빌립이 침례를 베푼 이유는 이 내시가 주님을 믿었기 때문입니다. 「빌립이 말하기를 '만일 당신이 마음을 다하여 믿으면 합당하니라'」(행 8:37). 믿었기 때문에 침례를 준 것입니다. 믿을 때 구원을 받는 것이고, 침례는 단지 구원받은 것을 공개적으로 시인하는 선한 양심의 응답입니다(벧전 3:21). 물 속에 들어가는 것은 주님과 함께 죽은 것, 물에서 나오는 것은 새로운 삶으로 일으켜진 것을 상징적으로 보여주는 것입니다. 37절에서 빌립이 한 말을 보면 그러한 가르침이 정립되었던 것을 볼 수 있습니다. 「빌립이 말하기를 "만일 당신이 마음을 다하여 믿으면 합당하니라."고 하니 그가 대답하여 말하기를 "나는 예수 그리스도가 하나님의 아들이신 것을 믿나이다."라고 하더라」(행 8:37).

　카톨릭 사본에서 나온 <개역한글판성경>에는 37절이 "없음"으로 되어 있고 36절에서 38절로 이어십니다. 민일 그렇게 딕면 카톨릭의 교리처럼, 침례받는 것이 구원받는 방법이 됩니다. 에디오피아 내시가 36절에서는 침례받기 원한다고 말했고 38절에서 침례를 받은 뒤 39절에서 기뻐하며 자기 길을 갔기 때문입니다. 즉 주님을 믿고 시인한 것 없이 침례받고 구원받아 기뻐서 돌아간 것으로 됩니다. 그러면 물침례가 구원과 어떤 연관이 있는 것으로 생각하게 됩니다. 이렇게 성경이 변개되었기 때문에 카톨릭에서는 유아 세례를 주는 것이고, 이것이 계속해서 장로교, 감리교 등으로 이어져나갔습니다. 그러나 바른 성경은 사도행전 8장에서 물침례가 구원과 연관이 없음을 보여줍니다. 이처럼 점진적인 계시를 무시하고 사도 바울 서신을 사도행전, 마태복음, 히브리서와 혼합해서 다루려 한다면 은혜의 복음을 정확하게 정립할 수가 없는 것입니다.

　은혜의 복음을 계시받은 이방인의 사도 바울의 구원은 9장에 가서야 일어납니다. 「그가 땅에 엎드려 그에게 말하는 음성을 들으니 "사울아, 사울아, 네가 왜 나를 박해하느냐?"고 하시더라. 그러자 그가 말하기를 "주여, 당신은 누구시니이까?"라고 하니 주께서 말씀하시기를 "나는 네가 박해하는 예수라. 가시채를 걷어차는 것이 네게 고통이라."고 하시더라. 그가 떨며 놀라서 말하기를 "주

여, 내가 어떻게 하기를 원하시나이까?」(행 9:4-6)

　10장에서는 코넬료가 사람을 보내어 베드로를 초청하는 장면이 나오는데, 베드로는 이방인에게 성령이 임한다는 것을 처음에 믿지 못했습니다. 그는 율법 시대가 끝났다는 것과 은혜의 복음이 정확하게 무엇인지에 대해서 아직 알지 못했습니다. 그런 베드로에게 주님께서는 환상을 보여주십니다. 「그 다음 날 그들이 계속 길을 가다가 그 성읍에 가까이 왔을 때 베드로가 제육시경에 기도하려고 지붕 위로 올라갔는데 몹시 시장하여 먹고자 하더니 집 사람들이 음식을 준비하는 동안 그가 무아지경에 빠져 하늘이 열리고 어떤 그릇이 그에게로 내려오는 것을 보니, 마치 네 귀를 맨 큰 보자기 같은 것이 땅 위에 내려오는데」(행 10:9-11). 거짓 목사들은 이런 구절을 들어서 자신들도 하나님이 주신 환상을 보았다고 말합니다. 그러나 여기서 주목할 것은 당시에는 신약 성경이 없었다는 사실입니다. 우리가 전파하는 복음을 담은 바울 서신이 당시에는 아직 기록되지 않았습니다. 그렇기 때문에 하나님께서 베드로에게 환상으로 계시해 주신 것입니다. 성경이 완성된 뒤인 오늘날에는 환상을 통해 알려주시지 않습니다. 우리에게 주시고자 하는 모든 진리는 기록된 하나님의 말씀을 통해서 알려 주십니다.

　「그 안에는 땅에 있는 갖가지 네 발 짐승들과 들짐승들과 기어 다니는 것들과 공중의 새들이 있더라. 그런데 한 음성이 그에게 들리기를 "베드로야, 일어나서 잡아먹으라." 하더라. 베드로가 말하기를 "주여, 그럴 수 없나이다. 나는 결코 속되거나 불결한 것을 먹은 적이 없나이다."라고 하니」(행 10:12-14). 베드로는 자신이 섬기는 주님께서 명령하시는데도 할 수 없다고 잘라 말한 것입니다. 주님을 그렇게도 사랑했던 베드로가 단호하게 거부했던 이유를 한 번 생각해 보십시오. 아직 완전한 계시를 받지 않았던 것입니다. 그는 율법 하에서는 더러운 짐승들을 잡아 먹으면 지옥에 가기 때문에 그렇게 대답했습니다. 십자가 사건을 통해 율법의 저주에서 해방되었지만 사도행전 10장까지는 아직 그 계시가 완전하게 이루어지지 않았기 때문에 베드로는 율법에 기초한 생각을 갖고 있었습니다. 그런데 사도행전 2장을 오늘날의 구원론으로 가르치면 어떻게 되겠습니까. 주님께서는 점진적으로 계시하셔서 어리석은 인간이 베드로처럼 단번에 거절하지 않고 이해할 수 있게 하셨습니다.

「베드로가 말하기를 "주여, 그럴 수 없나이다. 나는 결코 속되거나 불결한 것을 먹은 적이 없나이다."라고 하니 음성이 다시 두 번째 그에게 이르기를 "하나님께서 깨끗게 하신 것을 네가 속되다고 하지 말라." 하더라」(행 10:14,15). 이제 하나님께서 인간을 다루시는 경륜이 바뀌었습니다. 더러운 짐승들을 먹을 수 없던 구약이 끝난 것입니다. 돼지고기, 랍스터, 새우는 율법 하에서 먹을 수 없습니다. 그러나 신약 시대에는 감사함으로 받으면 아무것도 버릴 것이 없고 하나님의 말씀과 기도로써 거룩하게 됩니다(딤전 4:4,5). 즉 삼겹살을 먹는 것은 구약 시대에서는 율법을 어기는 죄를 짓는 것이었으나 오늘날은 아무 문제가 없습니다. 「이런 일이 세 번 있은 후에 그 그릇이 다시 하늘로 올리워가더라」(행 10:16). 더러운 짐승으로 상징되는 이방인 셋이 오기 때문에 주님께서는 세 번 환상을 보여주셨습니다.

「베드로가 그 환상에 관하여 생각하고 있는데 성령께서 그에게 말씀하시기를 "보라, 세 사람이 너를 찾으니 일어나서 내려가 아무것도 의심하지 말고 그들과 함께 가라. 내가 그들을 보냈음이니라." 하시니」(행 10:19,20). 이렇게 해서 베드로는 코넬료 집안에 가서 설교합니다. 베드로는 사도행전 10장에서도 아직 율법을 생각하고 있었다는 사실을 기억해야 합니다. 베드로가 그 전까지 전한 말씀은 예수님께서 메시아이시고, 유대인들의 손에 죽임을 당하셨지만 부활하셨으며, 이제 하나님께서 그 왕국을 가져오신다는 것이었습니다. 오늘날 우리가 전하는 구원의 메시지가 아닙니다. 따라서 사도행전 2,8장에 근거해서 구원론을 가르치면 사람들을 지옥으로 보내는 것입니다.

믿음으로 받는 구원, 대상: 코넬료

「그분에 대하여 모든 선지자도 증거하기를 "누구든지 그를 믿는 자는 그의 이름으로 말미암아 죄들의 사함을 받으리라."고 하였느니라」(행 10:43). 이제 베드로는 오늘날 우리들에게 해당되는 은혜의 복음, 즉 예수 그리스도를 믿으면 죄사함을 받는다는 메시지를 설교합니다. 사도행전 2장에서는 그렇게 전하지 않았습니다. 이렇게 동일한 사람이 설교를 하는데도 2장과 10장의 설교가 다르다는 것을 알아야 합니다. 성령님께서 다르게 설교하게 하신 것입니다.

「베드로가 아직 이런 말을 하고 있을 때 성령께서 그 말씀을 듣는 모든 사람에게 임하시더라」(행 10:44). 여기에서도 침례를 받고서 성령을 받은 것이 아닙니다. 침례를 받지 않았는데도 그들에게 성령이 집단적으로 임하셨습니다. 성령께서는 사도행전 2장에서 유대인들에게 집단적으로 최초로 임하실 때, 또 10장에서는 이방인들에게 최초로 임하실 때 그렇게 가시적인 방법으로 임하셨습니다. 그러나 오늘날 구원을 받을 때에는 초대 교회 때의 방언같이 성령님이 임하시는 것을 가시적으로 보여주는 증거는 없습니다.

「그러므로 베드로와 함께 온 모든 할례받은 믿는 자들이 성령의 선물을 이방인들에게도 부어 주심을 보고 놀라니」(행 10:45). 그들이 놀란 이유는 유대인들이 개처럼 취급했던 이방인들이 성령을 받았기 때문입니다. 유대인들은 표적과 함께 생겨난 민족이며, 그렇기 때문에 유대인들은 표적을 구한다고 고린도전서에서 말씀한 것입니다(고전 1:22). 모세가 표적을 보여주지 않았더라면 이스라엘 민족이 형성되지 않았을 것입니다. 초대 교회 시대에 표적의 은사가 주어진 이유도 유대인들이 그것을 보고 복음을 믿도록 하기 위한 것이었습니다. 그것을 모르고 그로부터 2천 년 뒤인 오늘날 자신에게 표적의 은사가 있다고 말하는 것은 거짓입니다.

「이는 그들이 방언으로 말하며 하나님을 높이는 것을 들음이라. 그때 베드로가 대답하기를」(행 10:46). 그때 그곳에 있던 이방인들이 하나님을 높이는 것을 유대인들이 알아들을 수 있었던 점으로 미루어보아 그들은 유대인들이 알아들을 수 있도록 히브리어로 말을 했을 것입니다. 은사주의자들이 하는 것처럼 이상한 소리만 내고 있었다면 하나님을 높이는 것을 알아듣지 못했을 것입니다.

「이 사람들이 우리와 마찬가지로 성령을 받았으니 어느 누가 물로 침례받는 것을 금하리요?" 하며」(행 10:47). 사도행전 2:37에 의하면 침례를 받아야 성령을 받는 것인데 여기서는 침례를 안 받고도 성령을 받습니다. 침례를 받아야 성령을 받는 것은 사도행전 2장에서의 요건이고 사도행전 10장에서의 상황은 다릅니다.

그 후 베드로는 성령을 받은 사람들에게 물로 침례를 줍니다. 「주의 이름으로 침례를 받으라고 그들에게 명하더라. 그들은 베드로에게 며칠간 더 머물기를 간청하더라」(행 10:48). 한 가지 주목할 점은 여기서 사도행전 2장처럼 예수의 이름으로 침례를 주지 않고 주의 이름으로 준다는 것입니다. 이것은 마태복음 28장의 침례와 연결됩니다. 마태복음 28장에서의 침례는 아버지와 아들과 성령의 이름으로 주는 것인데 '이름'이 단수로 되어 있는 이유는 세 인격이 한 분 하나님이시기 때문입니다. 세 인격 모두에게 해당되는 명칭은 '주'입니다. 그래서 사도행전 10장에서 주의 이름으로 침례를 준 것입니다. 마태복음 28장에서 아버지와 아들과 성령의 이름으로 주는 침례는 이방인들에게 주는 침례입니다.

그런데 이 일후 베드로가 유대에 갔다가 유대인들에게 비난을 받습니다. 「유대에 있는 사도들과 형제들이 이방인들도 하나님의 말씀을 받았다는 것을 들으니라. 그후 베드로가 예루살렘에 올라가니 할례자들에 속한 자들이 그와 다투며 말하기를 "당신은 할례 받지 않은 사람들에게 들어가서 그들과 함께 먹었도다." 하니」(행

11:1-3). 나가서 말씀을 전하고 구원의 역사가 일어났으니 기뻐해야 할 텐데 오히려 이방인들에게 복음을 전했다고 비난을 하는 것입니다. 그러자 베드로는 자신이 어떻게 해서 그들에게 가게 되었으며 이떻게 성령께서 역사하셨는지를 자세히 증거했습니다. 그제서야 유대인 형제들은 그의 말을 이해하고 함께 기뻐했습니다. 이렇게 그들의 이해가 점진적으로 형성되어간 것입니다. 이러한 과정이 전혀 없이 사도행전 1장에서 주님께서 부활하신 후 40일 동안 땅에 계실 때 바울 서신에 나와 있는 그리스도의 몸의 신비 등을 한꺼번에 제자들에게 말씀해주셨다면 전혀 알아듣지 못했을 것입니다. 율법이 해결되었다는 것도 모르는 사람들에게 그리스도의 몸, 교회, 보이는 교회와 보이지 않는 교회 등의 진리를 어떻게 설명할 수 있겠습니까? 그렇기 때문에 주님은 그리스도의 몸의 신비를 후에 사도 바울에게 계시하셨으며 그를 통해 바울 서신을 기록하게 하신 것입니다. 그것이 오늘날 교회 시대에 은혜의 복음을 전하는 사람들에게 해당되는 구원론입니다. 그러나 목사들이 사도행전 2장으로 구원론을 정립하려 하면 행위를 통한 구원을 가르치게 됩니다. 물로써 받는 침례는 분명한 행위이기 때문입니다.

「그가 네게 말씀을 전해 주리니 그 말씀으로 너와 너의 온 집안이 구원받으리라.'하였다는 것이라. 그리하여 내가 말하기 시작하니 성령께서 처음에 우리에게 임하신 것과 똑같이 그들에게 임하더라(행 11:14,15). 베드로는 성령께서 오순절에 유대인들에게 임하신 것과 똑같은 방식으로 이방인들에게도 임하셨다고 전했습니다.

「그때에 내가 주의 말씀, 곧 '요한은 정녕 물로 침례를 주었으나 너희는 성령으로 침례를 받으리라.'고 말씀하신 것을 기억했노라. 그러므로 하나님께서 주 예수 그리스도를 믿은 우리에게 주신 것과 똑같은 선물을 그들에게도 주셨다면 내가 누구이기에 하나님을 거역할 수 있겠는가?"라고 하니」(행 11:16,17). 이제는 주 예수 그리스도를 믿음으로써 성령을 받는다고 하는 베드로의 말에서 그가 달라진 것을 볼 수 있습니다.

「그들이 이런 말을 듣고 잠잠하더라. 그리고 하나님께 영광을 돌리며 말하기를 "그러면 하나님께서 이방인들에게도 생명에 이르는 회개를 주셨도다."라고 하니라」(행 11:18). 베드로는 이제 이해를 한 것입니다. 인간의 두뇌는 이렇듯 제한적이기 때문에 하나님께서 인간에게 말씀을 주실 때 점진적으로 주셨으며, 특히 전환기적 시대에는 인간이 이해할 수 있게 조금씩 주셨습니다.

이제 전환기적인 책인 사도행전으로 구원론을 가르치면 사람들을 지옥으로 보내게 된다는 말이 이해가 가실 것입니다. 지금까지 사도행전 1장부터 11장까지 살펴보았는데, 여러 가지 구원론이 나온 사실을 확인했습니다. 그런데도 많은 한국 목사들은 강대상에서 사도행전으로 구원론을 가르칩니다. 사도들이 했던 그대로 한다면서 성령 받으라고 안수를 하거나 심지어 밀쳐 넘어뜨립니다.

「그를 만나 안티옥으로 데리고 오니라. 그리하여 그들이 일 년 내내 교회와 함께 있으면서 많은 무리를 가르치니 안티옥에서 제자들이 처음으로 '그리스도인'이라고 불리더라」(행 11:26). 사도행전 11장에서 처음으로 '그리스도인'이라는 단어가 등장하는데, 이는 안티옥에 있는 제자들이 받은 명칭이었습니다. 시리아 안티옥은 섭리적으로 보존된 바른 성경 본문이 나왔기 때문에 중요한 곳입니다. 킹제임스성경 원문의 뿌리를 말할 때 우리는 성경적으로 믿는 신앙을 가진 제자들이 있었던 안티옥에서 나온 사본들을 신뢰합니다. 반면 카톨릭 싱경의 윈문은 이집트 알렉산드리아에서 나온 사본들에 근거하고 있습니다.

그 후 사도 바울이 등장해서 은혜의 복음을 전하는데, 사도행전 15장에서는 유대에 있는 형제들 사이에서 은혜의 복음을 이해하지 못해 논쟁이 벌어집니다. 「유대에서 내려온 어떤 사람들이 형제들을 가르치며 말하기를 "너희가 모세의 율례에 따라 할례받지 않으면 구원을 받을 수 없노라."고 하더라」(행 15:1). 유대에서 온 사람들이 사도 바울에게 반대하며 할례받지 않으면 구원받을 수 없다고 했습니다. 오늘날 바이블 빌리버 목사들이 오직 믿음만으로 은혜로 구원받는다고 하면 많은 한국 목사들이 반대하는 것과 다르지 않습니다.

「그러므로 바울과 바나바와 그들 사이에 적지 않은 의견 차이와 논쟁이 일어나니 형제들이 바울과 바나바와 그들 중에서 몇 사람을 더 선정하여 이 문제를 규명하기 위하여 예루살렘에 있는 사도들과 장로들에게 올라가도록 하니라」(행 15:2). 「예루살렘에 도착하여 교회와 사도들과 장로들의 영접을 받고 하나님께서 그들과 함께 행하신 모든 일을 설명하니라」(행 15:4). 이제 이방인들도 믿음만으로 구원받을 수 있다는 말을 전했습니다. 「그러나 바리새파에서 믿는 몇 사람이 일어나서 말하기를 "그들에게 할례를 주는 것이 필요하니 모세의 율법을 지키도록 권고하라."고 하더라. 그 때에 사도들과 장로들이 이 문제를 논의하려고 함께 모였는데」(행 15:5,6). 사도행전 15장의 시점에서 어떻게 복음을 전해야 하는지 아직 해결이 되지 않은 상태입니다.

믿음만으로 받는 구원 교리의 확정

예루살렘에 있던 초대 교회에서 이 문제를 결정합니다. 「많은 논의가 있은 후에 베드로가 일어나서 그들에게 말하기를 "형제 여러분, 당신들이 아는 대로 하나님께서 오래전부터 우리 가운데 택하시어 나의 입을 통하여 이방인들이 복음의 말씀을 듣고 믿게 하셨느니라」(행 15:7). 10장에서 있었던 일을 간증하는 것입니다. 이방인 코넬료에게 가서 복음을 전했더니 그들이 믿고 성령을 받았다고 말합니다. 「마음을 아시는 하나님께서는 우리에게 행하신 것과 마찬가지로 그들에게도 증거하시어 성령을 주셨으며 우리와 그들 사이에 어떤 차이도 두지 아니하셨으니 믿음으로 그들의 마음을 정결케 하셨느니라」(행 15:8,9). 중요한 것은, 이 부분에서 물로 받는 침례 이야기는 없고 믿음으로 구원받는다고 말하는 것입니다. 침례를 받음으로써 성령을 받는 것은 2장에서 유대인들에게 전한 말이었습니다. 그러나 분명하게 10장 이후부터는 사도들도 믿음만으로 구원받는다는 확신을 가졌음을 알 수 있습니다.

「그런데 이제 너희가 어찌하여 하나님을 시험하여 우리의 조상이나 우리도 감당할 수 없었던 멍에를 제자들의 목에 걸려고 하느냐? 우리는 주 예수 그리스도의 은혜로 구원받는 것을 믿으며 그들도 마찬가지니라."고 하더라」(행 15:10,11). 여기서 확정을 하는 것입니다. 11절에서 은혜의 복음을 분명하게 말하고 있습니다. 사도행전 15장 전까지는 명확히 정립되지 않고 점진적으로 정립이 되어가는데 한국 목사들은 구원론, 성령 체험 등을 가르칠 때 사도행전 1장에서 15장 전까지를 근거로 듭니다. 예루살렘에 있던 형제들, 유대인들이 15장에 와서야 이방인들도 믿음만으로 구원을 받는다는 것을 이해했다는 점을 분명히 알아야 합니다.

믿음으로 받는 구원, 대상: 빌립보 간수

16장에서는 빌립보 간수가 구원받는 장면이 나옵니다. 「그리하여 그들을 데리고 나와서 말하기를 "선생님들이여, 내가 구원을 받으려면 어떻게 해야 하나이까?"라고 하니 그들이 말하기를 "주 예수 그리스도를 믿으라. 그리하면 너와 네 집안이 구원을 받으리라."고 하니라」(행 16:30,31). 우리가 알고 믿는 복음이 15장, 16장에 와서 확실히 정립되는 것입니다.

결론적으로, 오늘날 성령은 어떻게 받는 것입니까. 갈라디아서 3장은 믿음으로써만 받는다고 말씀합니다. 사도행전에서는 처음에 침례를 받아야 성령을 받았고, 그 후 안수받아야 성령을 받았고, 이방인 코넬료에게는 오순절 때처럼 성령이 임했습니다. 그렇다면 오늘날은 어떻습니까. 「이는 아브라함의 복이 예수 그리스도로 말미암아 이방인들에게 미치게 함이며 또 우리로 하여금 믿음으로 말미암아 성령의 약속을 받게 하려는 것이라」(갈 3:14). 성령을 받는 것은 믿음으로 말미암아 받는 것으로 이는 사도행전 2:38과 다릅니다. 사도행전 2장 당시에 유대인들은 실제적으로 물침례를 받아야 성령을 받았습니다. 그러나 그것이 구원의 방법으로써 오늘날까지 이어지지 않았습니다. 하나님께서는 점진적인 계시를 통해 믿음으로 받는 구원의 방법을 주셨는데, 오늘날 사도행전 2장을 가지고 구원론을 가르치면 사람들을 지옥으로 보내는 것입니다.

두 가지 침례 - 물 침례와 성령 침례

두번째, 성경에서 침례에는 여러 종류가 있습니다. 물 침례와 달리 성령 침례가 있습니다. 침례라는 단어를 무조건 물 침례와 연관시키는 오류를 범하면 물 침례에 의한 중생을 가르치게 됩니다. 실제적으로 그것이 카톨릭 교회의 교리입니다. 카톨릭 교회는 초대 교회 시대에 등장한 것이 아닙니다. 사도 바울이 최초로 은혜의 복음을 전한 뒤 그 복음이 계속 전파되면서 교회가 대형화되고 그 교회들을 감독하는 자들이 사람들을 교회에 묶어두기 위해 교회에서 물 침례를 받아야 구원을 받는다는 교리를 가르치기 시작했습니다. 물 침례에 의한 중생은 엄청난 이단 교리입니다.

성경은 성령으로 받는 침례를 말씀합니다. 「몸은 하나인데 많은 지체가 있고 한 몸에 지체는 많아도 모두 한 몸인 것처럼 그리스도께서도 그러하시니라. 유대인이나 이방인이나, 종이나 자유인이나 한 성령에 의하여 우리 모두가 한 몸 안으로 침례를 받았으며」(고전 12:12,13).

우리는 예수 그리스도를 믿을 때 성령의 약속을 받는데(갈 3:14) 이것이 성령 침례입니다. 이때 성령께서 들어오셔서 우리의 몸과 혼을 분리하시는데, 성경은 이를 그리스도의 할례라고 말씀합니다(골 2장). 영적 할례로 분리된 우리 안에 있는 속 사람은 성령 침례로 그리스도의 몸의 한 지체가 됩니다. 그것이 보이지 않는 교회입니다. 교회는 눈에 보이는 지역 교회와 보이지 않는 교회가 있습니다. 보이지 않는 교회는 단수로서 구원받은 자들만이 들어가는 그리스도의 몸입니다. 보이는 교회, 즉 지역 교회에는 구원받지 않은 사람도 얼마든지 올 수가 있습니다. 예수님을 믿고 구원받은 사람은 보이지 않는 교회인 그리스도의 몸의 한 지체가 됩니다. 이것이 고린도전서 12장이 말씀하는 것입니다. 「만일 모두 다 한 지체이면 몸은 어디겠느냐? 그러나 이제 지체들은 많아도 한 몸이니라, 이제 너희는 그리스도의 몸이요 개별적으로는 그 지체들이라」(고전 12:19,20,27). 구원받은 사람들은 그리스도의 몸의 지체가 되기 때문에 구원받고 난 후에 지옥에 갈 수가 없습니다. 그리스도의 몸의 일부가 지옥에 갈 수 없기 때문입니다. 교회 시대에만 유일하게 구원받은 자들이 그리스도의 몸을 이룹니다. 그러나 교회가 휴거되어 사라지면 그리스도의 몸은 지상에 더이상 없고, 그때는 구약 시대처럼 성령이 임하셨지만 다시 떠나실 수도 있는 상황이 됩니다.

교회 시대에 구원받은 사람은 그리스도의 몸 안으로 잠기는 성령 침례를 받습니다. 「예수 그리스도 안으로 침례받은 우리가」(롬 6:3). 성경적으로 믿는 침례교 목사들 외에는 이 구절을 모두 "예수 그리스도 안으로 '물' 침례를 받은 우리가"라고 잘못 해석합니다. 그러나 여기서 말씀하는 침례는 물로 받는 침례가 아니라 성령 침례이며, 이 침례는 우리를 영적인 그리스도의 몸 안으로 들어가게 해 주는 침례입니다. 「예수 그리스도 안으로 침례받은 우리가 그의 죽으심 안으로 침례받은 것을 알지 못하느냐? 그러므로 우리가 죽음 안으로 침례를 받아 그와 함께 장사되었으니 이는 아버지의 영광으로 인하여 그리스도께서 죽은 자들로부터 일으켜지심과 같이 우리도 또한 생명의 새로움 가운데서 행하게 하려 함이니라」 (롬 6:3,4).

이 구절은 성령 침례에 관한 구절인데, 이 구절을 잘못 해석해서 물 침례를 통해 그리스도의 몸에 들어간다고 가르치면 카톨릭 교회처럼 세례를 받아야 구원받는다고 하는 것이 됩니다. 이것은 물 침례에 의한 중생을 가르치는 것이고, 결국 자신들의 교회에서 나가면 지옥에 간다고 말하는 근거가 됩니다. 이것은 본래 카톨릭 교회에서 가르치는 것인데 오늘날 많은 한국 목사들도 자신들의 교회에서 나가면 지옥에 간다고 합니다. 이것은 그리스도의 몸, 즉 보이지 않는 교회에 대해 무지하기 때문입니다.

교회 시대에 베푸는 물 침례는 상징적인 것입니다. 「그들은 전에 노아의 날에 방주를 예비하는 동안 하나님께서 오래 참고 기다리셨을 때에 순종하지 아니하던 자들이라. 방주에서 물로 말미암아 구원을 받은 사람이 몇 명뿐이니 곧 여덟 혼들이라. 물은 예수 그리스도의 부활하심으로 인하여 이제 우리를 구원하는 모형이니, 곧 침례라」(벧전 3:20,21). 물 침례가 모형이라고 성경은 분명하게 말씀합니다. 노아의 홍수 때 물이 코로 호흡하는 모든 생명체를 다 죽게 만들었듯이 죄인인 우리가 죽었다가 다시 살아나는 것을 의미합니다. 죄를 회개하고 예수님을 믿었을 때 예수님과 함께 십자가에서 죽었고 장사되었고 부활했음을 상징하기 위해 침례를 주는 것입니다. 물을 뿌려서 세례를 준다면 그것은 죽음과 장사지냄의 모형이 될 수 없습니다. 로마서 6장에서는 우리가 침례로 죽었다가 다시 살아난 만큼 이제부터 바르게 살아야 한다고 말씀하고 있습니다.

「물은 예수 그리스도의 부활하심으로 인하여 이제 우리를 구원하는 모형이니, 곧 침례라. (이것은 육체의 더러움을 제거하는 것이 아니라 하나님을 향한 선한 양심의 응답이라)」(벧전 3:21). 물 침례는 구원의 모형이기 때문에 육체의 더러움을 제거할 수 없습니다. 마음을 어떻게 정결케 할 수 있습니까. 믿음으로 성령 침례를 받은 사람만이 그 마음이 깨끗케 될 수 있습니다. 구원받은 사람들은 선한 양심이 있기 때문에 그 양심의 고백으로서, 공개적인 신앙 고백으로 받는 것이 침례입니다.

결론적으로, 물 침례와 성령 침례가 다르다는 것을 알아야 하며, 사도행전 2장의 말씀은 구약에서 신약으로 바뀌는 전환기 때에 메시아를 죽인 유대인들이 성령을 받는 방법을 전한 것임을 이해해야 합니다. 사도행전 2장에 근거해서 오늘날에 물 침례를 받아야 구원받는다고 가르치는 것은 행위에 의한 구원을 전하는 것이고 카톨릭 교회처럼 사람들을 지옥으로 보내는 교리인 것입니다. 장로교, 감리교 등 교단들은 종교개혁으로 카톨릭에서 분리되어 나왔다고 하지만 카톨릭의 누룩을 그대로 따라하고 있습니다. 그들은 구원론에 있어 바울 서신과 사도행전 사이를 갈팡질팡하며 혼동 속에 있는 것입니다.

성경적으로 믿는 침례교에서 가르치는 구원론은 로마서 10:9,10입니다. 「네가 네 입으로 주 예수를 시인하고 또 하나님께서 그를 죽은 자들로부터 살리신 것을 네 마음에 믿으면 구원을 받으리라. 이는 사람이 마음으로 믿어 의에 이르고 입으로 고백하여 구원에 이르기 때문이라」(롬 10:9,10). 구원의 확신이 없는 분이 계시다면 오늘 회개하는 마음으로 예수님께서 육신으로 오신 주 하나님이신 것을 시인하고 그분이 자신의 죄를 위해 죽으셨다가 부활하신 사실을 마음으로 믿어 구원받으시기를 간절히 기도합니다.

?

구원에 관한
문제의 구절들

문제의 구원론 구절 총정리

문제의 구원론 구절
총정리

「"나는 알파와 오메가요 시작과 끝이며, 처음과 마지막이라. 그의 계명들을 행하는 자들은 복이 있나니, 이는 그들이 생명 나무에 대한 권리를 가지며 또 그 문들을 통하여 도성 안으로 들어가게 하려 함이니라. 그러나 개들과 마술사들과 음행자들과 살인자들과 우상 숭배자들과 누구든지 거짓말을 즐겨 행하는 자는 모두 다 바깥에 있으리라. 나 예수는 교회들에 관한 이런 일을 너희에게 증거하기 위하여 나의 천사를 보내었노라. 나는 다윗의 뿌리요 자손이며, 또 빛나는 새벽별이라." 하시니라. 또 성령과 신부가 말하기를 "오라." 하더라. 듣는 자도 "오라." 말하게 하고, 또 목마른 자도 오게 하며 원하는 자는 누구든지 생명수를 값없이 마시게 할지어다」(계 22:13-17).

현재 우리는 믿음만으로 값없이, 쉽게 구원받을 수 있는 은혜의 복음 시대를 살고 있습니다. 그러나 많은 사람이 교회를 다니면서도 구원받지 못하고 구원의 확신도 없는 채 종교생활을 하고 있습니다. 그 이유 중 하나는 행위에 의한 구원을 말하는 성경의 여러 구절들을 오늘날을 위한 구원 교리로 잘못 적용하기 때문입니다. 성경에는 믿음으로만 구원받는 것이 아니라 믿음과 행위가 있어야 구원을 받는다고 말하는 구절들이 실제로 있습니다. 그런 구절들을 올바로 알지 못하면 주님께서 풍성한 은혜로 주신, 믿음만으로 받는 구원을 놓치게 됩니다. 안타깝게도 많은 한국 교회 목사들이 믿음과 행위에 의한 구원을 가르치고 있습니다.

두 가지 구원론 – 믿음 + 행위 vs 오직 믿음

본문 구절도 많은 사람들이 혼동을 하는 구절입니다. 14절에서는 「그의 계명들을 행하는 자들은 복이 있나니」라고 하는데 17절에서는 「목마른 자도 오게 하며 원하는 자는 누구든지 생명수를 값없이 마시게 할지어다.」라고 하기 때문입니다. 상반되는 두 가지 내용, 즉 계명을 "행하는" 것과 "값없이" 생명수를 마시는 것이 동일한 본문에 나오고 있습니다. 그 이유는 큰 맥락에서 봤을 때 성경에는 두 가지 구원론이 있기 때문입니다. 하나는 행함으로, 즉 믿음에 행위를 더해 구원받는 행위에 의한 구원이고, 다른 하나는 믿음으로만 구원받는 것입니다.

「그의 계명들을 행하는 자들은 복이 있나니」라는 말씀은 예수님을 믿기만 하면 되는 것이 아니고 계명도 지켜야 한다는 뜻입니다. 「이는 그들이 생명나무에 관한 권리를 가지고」(계 22:14). 교회 시대에 살고 있는 여러분은 생명나무와는 상관이 없습니다. 예수 그리스도 안에 영생이 있고 예수 그리스도를 소유한 사람들은 영생을 이미 가졌기 때문입니다. 그러니 교회시대 성도 이외의 사람들은 믿음과 행함으로 구원을 받고, 천년 왕국이 도래한 후에는 생명나무를 차지해야 생명을 얻을 수 있습니다.

「그들이 생명 나무에 대한 권리를 가지며 또 그 문들을 통하여 도성 안으로 들어가게 하려 함이니라」(계 22:14). 「나 예수는 교회들에 관한 이런 일을 너희에게 증거하기 위하여 나의 천사를 보내었노라. 나는 다윗의 뿌리요 자손이며, 또 빛나는 새벽별이라." 하시니라」(계 22:16). 여기서 다윗의 뿌리, 빛나는 새벽별은 예수님을 말합니다. 「또 성령과 신부가 말하기를」(계 22:17) 신부는 교회, 즉 구원받은 사람들로 이루어지는 그리스도의 몸입니다. 교회는 에베소서에서 그리스도의 신부로 묘사됩니다. 따라서 이것은 분명하게 교회시대라는 것을 알아야 합니다. 다른 시대에는 그리스도의 신부가 없습니다.

많은 목사들이 창세기부터 요한계시록 시대까지 동일하게 예수님을 믿음으로써 구원받는다고 잘못 가르치고 있는데, 구약 시대에는 예수님을 믿고 구원받은 것이 아닙니다. 구약 때는 제사, 희생제 등을 통해 구원받았습니다. 그것이 예수 그리스도의 모형이었다고 해서 구약 시대 사람들이 오늘날처럼 예수님을 믿고 구원받았다고 가르치면 이단 교리가 됩니다. 교회 시대에는 그리스도의 신부, 즉 그리스도의 몸의 한 지체가 되어야 합니다.

주님께서는 17절에서 "누구든지" 다 오라고 말씀하십니다. 오늘날 교회시대는 유대인이건 이방인이건 누구나 다 구원받을 수 있는 시대이고, "원하는 자는 누구든지" 즉 구원받고 싶은 사람은 누구나 다 그 생명수를 값없이 받을 수 있는 시대입니다. "생명수를 값없이 마시게 할지어다." 이 말씀은 행함없이, 값없이 구원을 선물로 받는다는 말씀입니다. 교회 시대 이외의 모든 다른 시대에는 구원받기 위해 반드시 행함이 있어야 합니다. 목사가 이러한 두 가지 구원론의 차이를 모르고 설교하면 한 주는 예수님을 믿음으로써만 구원받을 수 있다고 가르치고, 다음 주에는 예수님도 믿고 침례(세례)도 받아야 된다고 가르치고, 그 다음 주에는 예수님도 믿고, 침례도 받고, 주님을 열심히 섬겨야 된다고 해서 결국 잘못된 복음이 전해지고 은혜의 복음은 막히게 됩니다. 한 주는 이렇게 가르치고 그 다음 주는 다르게 가르치는 그런 설교로 어떻게 구원을 받고 구원의 확신을 가질 수 있겠습니까. 목사 자신도 은혜의 복음이 정확히 무엇인지 모르는 상태에서 설교를 하기 때문에 듣는 회중들을 지옥으로 보내는 것입니다.

무죄 시대

하나님께서는 아담과 이브를 지으신 후에 그들에게 선과 악의 지식의 나무의 열매를 먹지 말라고 명령하셨습니다. 그들이 그 열매를 먹고 영이 죽은 이후 모든 인간은 죄인으로 태어나 죄의 성품을 가지고 살면서 죄를 짓습니다. 많은 사람들은 죄를 짓지 않으면 하늘나라에 갈 수 있다는 생각으로 죄를 안 지으려 노력하지만 그것은 불가능한 일입니다. 이 세상에 육신의 몸을 입고 태어나서 살면서 죄를 짓지 않을 수 있는 분은 오직 예수님뿐입니다. 예수님 외의 모든 인간은 죄의 성품을 가지고 태어났기에 다 죄를 짓습니다. 하나님께서는 이 세상을 통치하기 위해서 인간들을 창조하셨고, 그런 인간들이 죄 가운데 죽도록 내버려두실 수 없었습니다. 왕이 통치하려면 반드시 백성이 필요하기에 하나님께서는 그 백성들을 구원해 주시려고 성경에 구원론을 기록하신 것입니다.

모세 이전에는 성경이 없었기에 주님께서 직접적으로 계시를 해 주셨습니다. 하나님께서는 동산 가운데 있는 선과 악의 지식의 나무의 열매를 먹으면 죽으리라고 아담에게 직접 말씀하셨습니다. 아담과 이브가 그 열매를 먹고 영이 죽었을 때 주님께서 동물을 잡아 그들에게 가죽 옷을 입혀 주셨는데, 이때 동물의 피로써 그들의 죄가 일시적으로 사해졌습니다. 이를 통해 하나님께서는 생명이 피에 있다는 것을 보여주시고 피 제사에 대한 구원론을 제시하셨습니다.

그 후 아벨과 카인이 제사를 드렸을 때, 하나님께서는 피 제사를 드린 아벨은 받아주셨고 카인의 제사는 받지 않으셨습니다. 이를 통해 또 한번 피의 희생제가 요구된다는 것을 보여 주셨습니다. 구약에서는 노아, 욥, 아브라함 등 하나님을 섬긴 사람들이 제단을 쌓고 번제를 드리는 것을 볼 수 있습니다.

양심 시대

율법이 주어지기 전까지는 양심 시대라고 하는데, 이 시대는 양심에 따라 살아야 하고 의를 행함으로써 주님께 용서를 받는 시대입니다. 하나님께서 말씀하신 것을 믿을 뿐만 아니라 그것을 지키는 행위가 있어야 했습니다. 노아의 예를 생각해 보십시오. 하나님께서 노아에게 방주를 짓지 않으면 홍수로 모두 멸망한다고 하셨을 때, 노아가 하나님의 말씀을 믿기는 믿었지만 방주를 짓지 않았다면 구원을 못 받았을 것입니다. 이처럼 그 시대의 믿음은 행함이 따라야 하는 믿음이었습니다. (신약 시대에 와서는 새로운 믿음이 등장합니다. 그 믿음은 예수 그리스도를 믿는 믿음이며 이를 통해 하나님의 의를 받는 것입니다. 이렇게 구약과 신약의 구원은 차이가 있습니다.)

노아와 욥, 아브라함은 구약에서 의인이라 불렸으며, 그들은 희생제를 드렸고 하나님의 말씀대로 살려고 노력했습니다. 하나님께서는 모세 때에 율법을 주셨고, 사람들은 그 계명대로 살다가 죄를 지으면 희생제물을 가져와서 동물의 피로 주님께 일시적인 죄 사함을 받았습니다. 그러나 동물의 피는 죄를 영원히 제거하지 못한다고 출애굽기에서 말씀하셨습니다. 죄를 덮음으로써 죄의 용서함은 받았지만 죄를 완전히 제거하지는 못했기에 예수님께서 우리의 죄를 제거하시는 하나님의 어린 양으로 오신 것입니다(요 1:29). (변개된 성경들은 "세상 죄를 제거하는"을 "세상 죄를 지고 가는"으로 변개시켜 이러한 진리를 알 수 없게 만들어 버렸습니다.)

율법 시대

구약의 양심 시대에서 율법 시대로 넘어와도 행위는 여전히 구원의 요건이었습니다. 에스겔 18장을 보면 의인이 되려면 행함이 있어야 함을 잘 알 수 있습니다. 「내 규례대로 행하고 내 명령을 지켜 진실하게 행한다면 그는 의인이니 그가 반드시 살리라. 주 하나님이 말하노라」(겔 18:9). 이처럼 구약 시대에는 하나님의 말씀을 계시하신 대로 믿을 뿐 아니라 그 믿음대로 따라서 사는 행함이 있어야 했습니다.

에스겔서 18:9을 로마서 3장이나 갈라디아서 2,3장과 비교해 보면 성경이 모순되는 것처럼 보이지만 성경에는 모순이 없습니다. 십자가 사건을 기점으로 율법 시대와 신약 시대의 구원론이 달라진 것뿐입니다. 우리는 그런 것을 구분함으로써 성경을 전체적으로 보는 안목을 가져야 합니다.

메시아 이전까지

지금까지는 창세기부터 율법 시대까지를 보았고, 이제 이사야서 40장에 예수님에 대한 말씀을 보겠습니다. 구약에는 예수님의 탄생에 대한 예언이 지속적으로 나오는데, 신약의 첫번째 책인 마태복음은 예수님의 오심을 예언한 이사야서 40장을 인용합니다. 「광야에서 외치는 자의 음성이 있어 "너희는 주의 길을 예비하라. 사막에서 우리 하나님의 대로를 곧게 하라"」(사 40:3). 이 외에 말라키, 스카랴서도 메시아로서 오시는 예수님에 대해 예언하고 있으며 유대인들은 그 메시아를 기다려왔습니다. 이 구절에서 "광야에서 외치는 자"는 침례인 요한인데, 이 말씀대로 그는 마태복음에서 유대인들을 향해 외쳤습니다.

한 가지 중요한 점은 이 한 구절에 주님의 초림과 재림이 같이 나온다는 것입니다. 「광야에서 외치는 자의 음성이 있어 "너희는 주의 길을 예비하라."」까지는 초림에 대한 예언입니다. 그러나 「사막에서 우리 하나님의 대로를 곧게 하라.」는 재림에 대한 예언입니다. 구약 시대에 살았던 사람들과 예수님 당시의 사람들 모두 주님이 오신다는 것만 알았지 예수님의 초림과 재림을 구분하지는 못했습니다. 그들로서는 알 수가 없었던 것입니다. 재림 때 예수님께서는 요한계시록에도 기록된 대로 왕의 대로(king's highway)를 거쳐서 예루살렘으로 올리브 산에 등장하실 것입니다.

「모든 골짜기는 솟아오를 것이며, 모든 산과 작은 산은 낮아질 것이라. 구부러진 곳이 곧게 되며, 울퉁불퉁한 곳들이 평탄케 되리라. 주의 영광이 나타나게 될 것이며, 모든 육체가 그것을 함께 보리니 이는 주의 입이 그것을 말씀하셨음이라」(사 40:4,5). 이 구절 또한 재림에 대한 말씀입니다. 초림 때는 모든 육체가 다 주님을 보지 못했습니다. 그러나 재림 때는 주님께서 나타나실 때 모든 육체가 다 주님을 볼 것입니다.

이런 상황을 잘 알고 성경을 읽어야 합니다. 구약 때에는 메시아인 주님의 오심만 기다렸지 오늘날의 교회 시대처럼 사도 바울의 서신이 있어서 그리스도의 몸의 신비에 대해 알았던 것이 아닙니다. 땅에 있는 우리들이 현재 주님과 함께 천상에 있다는 것, 구원받을 때 그리스도의 할례를 통해 몸, 혼, 영이 분리되어 육신이 죄를 지어도 그 죄가 혼에 전가되지 않는다는 것 등의 사실은 전혀 알 수가 없었습니다. 이는 천사들조차 모르는 사실이었고, 오직 교회를 통해 알게 될 사실이있습니다. 이런 점들을 고려하지 않은 채 성경을 보면 어느 시대나 무조건 예수님을 믿고 구원받았다고 가르치거나 아니면 모두가 다 행위로 구원받는다고 잘못 가르치게 됩니다. 시대를 막론하고 누구나 다 예수님만 믿고 구원받았다고 하는 것이나 오늘날 예수님도 믿고 행함이 있어야 구원받는다고 하는 것은 모두 이단 교리입니다.

정확한 성경적인 구원 교리는 구약 시대에는 믿음과 행함이 있어야 구원받고, 교회 시대에는 믿음만으로 구원받으며, 대환란 때에는 믿음과 행함이 있어야 구원받고, 주님께서 재림하신 뒤인 천년왕국 때에는 행함으로 구원받을 수 있다는 것입니다.

어떤 이들은 우리가 믿음만으로 구원받는다고 전하는 것에 대해 "어떻게 구원을 그렇게 쉽게 받느냐"며 비판합니다. 은혜의 복음을 반대하는 그들이 그렇게 말하는 이유는 에스겔서나 요한계시록 등 성경 곳곳에서 행함이 있어야 구원받는다고 말씀하기 때문입니다. 또 하나님께서 이 세상을 경영하시는 방법인 '하나님의 경륜'에 대해 모르기 때문에 공격하는 것입니다. 하나님의 경륜을 예를 들어 설명하면, 사업체를 경영할 때 설립 초기에 경영하는 방법과 조금 성장했을 때와 대기업이 되었을 때 경영하는 방법이 다른 것에 비교될 수 있습니다. 인간이 시대별로 6천 년을 거쳐왔는데 하나님께서 경영하시는 방법이 모두 동일할 수가 없습니다.

인간을 다루시는 하나님의 경륜은 무죄 시대로 시작했으며, 이 때 아담과 이브는 벌거벗었지만 어린 아이들처럼 부끄러움을 몰랐습니다. 그들이 선과 악의 지식의 나무의 열매를 먹고 난 후 수치를 알고 무화과 잎으로 몸을 가리려 하면서 양심 시대가 열립니다. 그 후 율법 시대를 거쳐 예수님께서 등장하시며 신약 시대가 됩니다. 이렇게 구분되는 것을 모르고 성경 전체를 동일하게 보면 구약부터 요한계시록까지 모든 사람이 예수님을 믿고 구원받는다고 하거나, 아니면 예수님도 믿고 또 행함도 있어야 구원받는다고 잘못 가르치게 됩니다.

메시아의 초림 – 여전히 율법시대

신약의 첫번째 책인 마태복음 3장에서 예수님께서 지상사역을 시작하실 때 침례인 요한이 이사야서 40장의 예언의 말씀을 인용합니다. 「그 무렵에 침례인 요한이 와서 유대 광야에서 전파하여, 말하기를 "너희는 회개하라. 천국이 가까이 왔느니라."고 하니, 이 사람은 선지자 이사야가 말한 그 사람이라. 말하기를 "광야에서 외치는 자의 음성이 있어 '너희는 주의 길을 예비하고 그의 길들을 곧게 하라.'고 하는도다." 하였더라」(마 3:1-3).

여기서 주목할 것은, 침례인 요한이 구약에서 예언했던 메시아가 오신다는 것을 유대인들에게 전했을 때 초림에 대한 말씀과 재림에 대한 말씀 모두를 인용했다는 점입니다. "너희는 주의 길을 예비하고"까지는 초림에 대한 예언이고 "그의 길들을 곧게 하라."는 재림에 대한 예언입니다. 그러나 예수님이 오신 이후 천국이 도래할 줄 알았던 제자들은 예수님의 십자가의 죽으심을 도저히 이해할 수가 없었고, 베드로를 비롯한 제자들 모두 예수님을 말리려 했습니다. 예수님을 너무나 사랑했던 베드로가 하나님이신 예수님께서 하시고자 한 일을 막으려고 했던 이유는 그가 성경을 몰랐기 때문입니다. 주님께 반항하려 했던 것이 아닙니다. 베드로가 가졌던 성경 지식은 마태복음 3장과 이사야서 40장, 그 외에 구약에서 예언된 메시아의 등장과 메시아가 이 땅에 왕국을 세우시는 것까지였습니다. 그렇기 때문에 예수님께서 십자가에서 죽으셔야 한다는 말씀을 하셨을 때 왜 왕으로 오신 분이 그렇게 비참하게 죽으셔야 하는지 이해하지 못했습니다. 예수님께서 붙잡히셨을 때 결국 제자들이 예수님을 버리고 도망한 것은 자신들이 알고 기대했던 것에서 벗어났기 때문입니다.

성경에서 이런 점을 잘 이해해야 합니다. 단순히 구약이든 신약이든 모든 사람이 예수님 믿고 구원받았다고 가르치면 안 됩니다. 베드로의 행동은 무지의 소산이 아니었습니다. 3년 반 동안 예수님께 직접 성경을 배웠고 예수님이 하신 모든 것을 곁에서 보았는데 왜 예수님의 십자가의 죽으심을 막았겠습니까. 베드로를 비롯한 제자들은 율법과 구약의 예언대로 메시아가 오셔서 그 나라를 통치한다는 것만 알고 기대했던 것입니다.

오늘날 그리스도인이 하는 설교와 침례인 요한의 설교는 같지 않습니다. 침례인 요한은 "회개하라. 천국이 가까이 왔느니라."고 설교한 것이고, 우리는 "회개하고 예수님을 믿고 죄사함을 받으라."고 설교합니다. 이 둘은 완전히 다른 설교인 것입니다. 마태복음 4장에서 예수님도 침례인 요한과 똑같은 설교를 하십니다. 「그 때부터 예수께서 전파하기 시작하여, 말씀하시기를 "회개하라, 천국이 가까이 왔느니라."고 하시더라」(마 4:17). 예수님께서는 구약 때부터 예언된 메시아의 왕국을 이 땅에 세우기 위해서 오신 것입니다. 당시 유대인들의 관점에서는 십자가 사건이라든지 오늘날 교회 시대처럼 오직 예수님을 믿음으로써 구원받는 그런 사실들은 전혀 알 수가 없었습니다. 예수님께서 직접 지상에 계셨던 그 당시에도 그랬던 것입니다. 그럼에도 불구하고 구약 때부터 모두 다 예수님을 믿고 구원받았다고 가르친다면 그것은 이단 교리입니다. 같은 맥락으로, 지상에 왕국을 세우시기 위해 마태복음 5장부터 하신 설교가 산상 설교입니다. 그러나 그 말씀을 오늘날 교회 시대에 구원론으로 믿는다면 이는 100% 행위에 의한 구원이며 사람들을 지옥으로 보내는 교리가 됩니다.

「영이 가난한 자들은 복이 있나니, 천국이 그들의 것임이요」(마 5:3). 영이 가난해야 천국에 들어간다고 합니다. 그러나 교회 시대에는 예수 그리스도를 믿었을 때 하늘나라에 가는 것입니다. (하나님의 나라와 천국의 차이는 또 다른 주제로서, 본 설교에서 다루지는 않겠습니다.)

「자비로운 자들은 복이 있나니, 그들이 자비를 얻을 것임이요」(마 5:7). 이것이 오늘날의 구원 교리입니까? 여러분이 자비롭기 때문에 주님께로부터 자비를 얻습니까? 세칭 '밥퍼 목사'는 노숙자 사역으로 널리 알려졌습니다. 그런 선행 자체는 나쁠 것이 없습니다. 하지만 자선 사업을 통해 자비를 베풂으로써 주님께 자비를 얻고 구원을 받는다는, 행위에 의한 구원을 전하는 것은 잘못입니다. 교회 시대에는 그렇게 함으로써 자비를 얻고 구원받는 것이 아닌데 그 차이를 모르면 좋은 일 하고도 지옥 가는 것입니다. 몇 억 달러를 썼다 해도 소용이 없습니다. 예수 그리스도를 믿고 구원받지 않으면 지옥에 가는 것입니다. 우리는 자비를 베풀었기에 자비를 받은 것이 아닙니다. 「우리가 행한 의로운 행위에 의하지 않고 그의 자비하심에 따라 중생의 씻음과 성령의 새롭게 하심으로 우리를 구원하셨으니」(딛 3:5). 우리가 행한 의로운 행위에 의하지 않았다고 말씀하십니다. 의로운 행위 때문에 하늘나라 가는 것이 아니라는 말씀입니다.

「이 성령을 예수 그리스도 우리 구주를 통하여 우리에게 풍성히 부어 주셨느니라. 이는 우리가 그의 은혜로 인하여 의롭게 되어 영원한 생명의 소망을 따라 상속자들이 되게 하려 하심이라」(딛 3:6,7). 우리는 자비를 행한 사람들이기에 자비를 받은 것이 아니라 예수 그리스도를 믿었기 때문에 자비를 받은 것입니다. 이것이 마태복음 5장 말씀과는 완전히 다르다는 것을 분명히 알아야 합니다. 마태복음 5장은 왕국과 관련된 왕국 법령으로, 행함을 요구합니다. 구주이신 예수님이 지상에 계신 시대였지만 사람들에게 요구되는 것은 의로운 행위였으며, 당시는 오늘날 우리처럼 예수님만 믿고 구원받는 때가 아니었습니다.

「마음이 순결한 자들은 복이 있나니, 그들이 하나님을 볼 것임이요, 화평케 하는 자들은 복이 있나니, 그들이 하나님의 자녀라 불릴 것임이요」(마 5:8,9). 이것은 교황과 거짓 목사들이 즐겨 사용하는 구절입니다. 입으로는 "평화, 평화" 하지만 하는 일들은 하나님과 전혀 상관이 없는 자들입니다. 특히 교황은 예수님만 믿어야 구원 받는다고 가르치기는커녕 이슬람교도들을 형제라고 부르더니 최근엔 불교와 하나가 되어야 한다고 말하는 등, 결국 성경에 예언된 대로 세계 종교 통합을 이루려 하고 있습니다. 교황이 발언한 '크리슬람'은 크리스천과 이슬람의 합성어입니다. 크리슬람 성전을 짓겠다고 하더니 2021년에 완성된다고 합니다. 이처럼 철저한 마귀의 종인 그가 마태복음 5:9을 가지고 하나님의 자녀 운운합니다. 그러나 요한복음 1장은 예수 그리스도를 영접한 자, 그 이름을 믿는 자들이 하나님의 자녀라고 말씀합니다. 「그러나 누구든지 그를 영접한 사람들에게는 하나님의 아들들이 되는 권세를 주셨으니, 즉 그의 이름을 믿는 사람들에게니라」(요 1:12). 마태복음 5장에서 말씀하시는 하나님의 자녀와 요한복음 1장에서 하시는 말씀이 전혀 다릅니다. 이런 것을 모르면 오늘날 행위에 의한 구원을 가르칠 수밖에 없습니다.

저도 럭크만 목사님께 성경을 배웠기 때문에 바르게 가르칠 수 있는 것입니다. 주님께서는 마지막 때에 피터 럭크만 박사를 세우셔서 바른 성경인 킹제임스성경을 수호할 뿐 아니라 바른 교리를 주셨습니다. 카톨릭 교회에서 종교개혁을 통해 개신교가 분리된 후 1700-1800년대까지는 단순히 은혜의 복음을 전하기만 해도 사람들이 받아들이고 구원받았습니다. 그러나 수많은 교단과 교리들이 난무한 오늘날에는 구원론에 대한 잘못된 가르침이나 이단 교리들 때문에 많은 사람들이 구원받지 못하고 있는 상황입니다. 은혜복음으로 구원은 쉽게 받을 수 있지만 우리가 지금까지 다른 문제의 구절들을 잘못 이해하기 때문에 행위에 의한 구원을 추구하다가 지옥으로 향하고 있는 깃입니다.

「내가 율법이나 선지서들을 폐기하러 온 줄로 생각하지 말라. 폐기하러 온 것이 아니라 이루려고 왔노라… 그러므로 누구든지 이 계명들 중에서 지극히 작은 것 하나라도 범하고 그렇게 가르치는 사람은 천국에서 가장 작은 사람이라 불릴 것이요, 누구든지 계명들을 행하고 가르치는 사람은 천국에서 큰 사람이라 불릴 것이라」(마 5:17-19). 위 구절은 예수님은 율법과 선지서를 폐기하러 오신 것이 아니라고 하십니다. 그러나 오늘날 율법을 지켜야 구원받는다고 가르치면 사람들을 지옥으로 보내는 것입니다.

「그런데, 보라, 어떤 사람이 와서 주께 말씀드리기를 "선한 선생님, 내가 영생을 얻으려면 어떤 선한 일을 해야 하리이까?"라고 하니, 주께서 그에게 말씀하시기를 "어찌하여 네가 나를 선하다고 하느냐? 하나님 한 분 외에는 선한 이가 없느니라. 그러나 네가 생명으로 들어가기를 원한다면 계명들을 지키라."고 하시더라」(마 19:16,17). 지금 누군가가 저에게 같은 질문을 한다면 제가 계명을 지키라고 하겠습니까. 율법의 행위로는 의롭게 될 사람이 없으니 예수 그리스도를 믿음으로 의롭다함을 받으라고 말할 것입니다. 그러나 예수님께서는 영생을 얻으려면 계명을 지키라고 하셨습니다. 예수님도 율법 시대에 사셨기 때문에 율법을 지키신 것입니다.

십자가 사건이 있기 전까지는 율법 시대입니다. 예수님이 땅에 오셨지만 십자가에서 돌아가시기 전까지는 율법을 지켜야 하는 시대이기에 영생을 얻으려면 계명을 지켜야 한다고 말씀합니다.

예수님께서 전하신 왕국 복음과 우리가 전하는 은혜의 복음이 다르다는 것을 분명히 알아야 합니다. 이것을 모르는 목사들이 마태복음과 사도행전을 가지고 믿음과 행함이 있어야 구원받는다고 가르칩니다. 우리가 지금까지 25년이 넘게 전하는데도 듣지 않고 계속 사람들을 속여서 지옥에 보내고 있습니다. 예수님께서는 자신이 전한 말씀을 백성들이 듣지 않자 이렇게 말씀하셨습니다.

대환란에 대한 예언

「오 예루살렘아, 예루살렘아, 선지자들을 죽이며 너에게 보낸 사람들을 돌로 치는 자야, 마치 암탉이 자기 병아리들을 날개 아래 함께 모으듯이 내가 얼마나 자주 네 자녀들을 모으려고 하였더냐? 그러나 너희가 원치 아니하였도다! 보라, 너희 집이 황폐하여 버린 바 되리라」(마 23:37,38). 예수님께서 승천하신 후 이스라엘은 완전히 황폐해졌습니다. 예루살렘 성전은 A.D 70년에 파괴되고 이스라엘 백성들은 전 세계에서 쫓겨다니는 생활을 무려 2천 년 동안 했습니다. 이것은 유대인들이 받은 저주요, 주님의 예언이 그대로 성취된 것이었습니다.

「내가 너희에게 말하노니, 이제부터 너희가 '주의 이름으로 오시는 이는 복이 있도다.'라고 말할 때까지 나를 보지 못하리라."고

하시더라」(마 23:39). 회개하고 주님께 돌아오기까지 이스라엘은 주님을 볼 수 없습니다. 이스라엘의 저주를 말씀하신 뒤 주님께서는 마태복음 24:1에서 성전에서 떠나시는데, 그때 제자들이 주님께 마지막 때에 대해서 묻습니다.

「주께서 올리브 산 위에 앉으셨을 때, 제자들이 조용히 나아와서 말씀드리기를 "언제 이런 일이 있겠으며, 주께서 오실 표적과, 세상 끝의 표적이 어떤 것인지 우리에게 말씀하여 주소서."라고 하니」(마 24:3). 당시 제자들은 왕국을 기다리고 있었는데 주님께서 갑자기 십자가 사건과 이스라엘이 받게 될 저주를 말씀하시더니 이제는 주님을 볼 수 없을 것이라고 하신 것입니다. 이를 이해하지 못한 제자들이 마지막 때의 현상에 대해 묻자 주님은 전쟁, 기근 등 마지막 때에 대해 말씀해 주십니다.

「그러나 끝까지 견디는 자는 구원을 받으리라」(마 24:13). 이것이 문제의 구절입니다. 이 구절을 오해하기 때문에 예수 그리스도를 믿을 뿐만 아니라 끝까지 견뎌야 구원을 받을 수 있다고 가르칩니다. 그러나 문맥을 보면 주님께서는 '마지막 때'에 대해서 말씀하시는 것입니다. 마태복음 24장 전체의 맥락에서 보면 여기서 말씀하시는 마지막 때는 이스라엘을 대상으로 하는 '야곱의 고난 기간'(렘 30장), 즉 대환란 때인 것을 알 수 있습니다. 이스라엘이 믿지 않고 불복종했기 때문에 고난 기간을 통과하게 하셔서 회개하고 돌아오게 하시는데, 그 기간이 대환란입니다.

「이는 그때에 대환란이 있으리니, 그와 같은 것은 세상이 시작된 이후로 지금까지 없었으며, 또 결코 없을 것이기 때문이라」(마

24:21). 분명 대환란이라고 하십니다. 그때는 믿음만으로는 구원 받을 수 없는 시대이기 때문에 예수 그리스도를 믿을 뿐만 아니라 그 믿음을 지키기 위해 끝까지 견뎌야 합니다. 대환란 때는 적그리스도의 왕국이 설립되고, 적그리스도의 표를 받지 않으면 물건을 사거나 팔지 못합니다. 만일 먹고 살기 위해 적그리스도의 표를 받는다면 그 사람은 저주를 받습니다.

교회 시대를 살고 있는 우리는 예수 그리스도를 믿을 때 영원한 생명을 얻을 뿐 아니라 성령님이 오셔서 인치시고 떠나지 않으십니다. 그러나 교회 시대에 구원받은 성도 모두, 즉 '교회'가 휴거되어 올라간 뒤 이 땅에는 무서운 대환란이 시작됩니다. 대환란 때는 지금과 달리 그리스도의 몸이 지상에 없고 성령님께서는 마치 구약 때처럼 역사하실 것입니다. 그래서 적그리스도의 표를 받으면 구약 때처럼 성령님이 떠나시게 됩니다. 구약 때 사울왕이 악을 행할 때 성령님이 떠나고 악령이 들어온 것과 마찬가지입니다.

성경을 이렇게 보면 마태복음 24장까지 문제가 없습니다. 마지막 때란 대환란 때를 말하는 것이고, 그 마지막 때에는 믿음을 끝까지 지켜야 합니다. 지금은 대환란 때가 아닌데도 S목사, K목사 등 안식교 목사들은 현재가 대환란이라며 행위에 의한 구원론을 가르쳐 사람들을 지옥으로 보내고 있기 때문에 우리는 이를 성경적으로 지적하는 것입니다.

「이 왕국 복음이 모든 민족에게 증거되기 위하여 온 세상에 전파되리니, 그런 후에야 끝이 오리라」(마 24:14). 이 말씀은 왕국을 도래하게 하는 왕국 복음이지 은혜의 복음이 아닙니다. 이것을 은혜의 복음과 구별하지 못하면 행위에 의한 구원을 가르치게 됩니다.

주님께서는 유대인들이 복음을 거절한 뒤부터 그 왕국이 실제로 도래하기까지의 공백 기간이 있음을 미리 아셨습니다. 그 기간이 얼마나 될지는 말씀하지 않으셨지만 그 기간 동안은 믿음만으로 구원받는다고 요한복음에서 말씀하셨습니다. 요한복음은 십자가 사건 후의 일들을 미리 말씀하신 책입니다. 자유주의 신학자들이나 목사들 중에는 공관복음인 마태, 마가, 누가복음만 중요시하고 요한복음은 무시하는 사람들이 있습니다. 요한복음에만 믿음만으로 구원받는다는 내용이 있고 나머지 세 복음서는 비슷하게 행위에 의해 구원받는 내용이 나오기 때문입니다.

교회시대의 구원 – 거듭남

「예수께서 대답하여 그에게 말씀하시기를 "진실로 진실로 내가 너에게 말하노니, 사람이 거듭나지 아니하면 하나님의 나라를 볼 수 없느니라."고 하시더라」(요 3:3). 주님께서는 여기서 거듭난다는 말씀을 처음으로 하십니다. 요즈음 세상에서는 무언가를 쇄신한다는 뜻으로 '거듭난다'는 표현을 쓰는데, 이는 성경과는 무관합니다. 우리는 허물과 죄들 가운데 죽은 영을 지니고 태어났습니다. 예수 그리스도를 믿을 때 성령님께서 들어오셔서 그 죽은 영을 살리시는 것이 거듭남입니다. 다시 태어나는 것이라서 'born again'이라고 합니다. 육신으로 태어나는 것이 첫번째 탄생이고 영으로 거듭나는 것이 두번째 탄생입니다. 주님께서는 거듭나야 된다는 것을 가르쳐 주셨고, 어떻게 거듭나는지를 요한복음 3장에서 말씀해 주십니다.

「모세가 광야에서 뱀을 들어올린 것같이 인자도 그렇게 들려올려져야만 하리니」(요 3:14). 여기서 들려올려져야만 한다는 것은 미래 시제입니다. 요한복음은 앞으로 일어날 십자가 사건과 십자가 사건 이후에 믿는 것을 말씀하기 때문에 은혜의 복음을 말씀하는 것입니다. 「이는 그를 믿는 사람은 누구든지 멸망하지 않고 영생을 얻게 하려 함이니라. 하나님께서 세상을 이처럼 사랑하셔서 그의 독생자를 주셨으니」(요 3:15,16). "주셨으니"는 과거 시제입니다.

「이는 그를 믿는 사람은 누구든지 멸망하지 않고 영생을 얻게 하려 하심이니라. 하나님께서 자기 아들을 세상에 보내신 것은 세상을 정죄하려 하심이 아니요, 그를 통하여 세상이 구원받게 하려 하심이라」(16,17절). 이렇게 요한복음에서 주님께서는 십자가 사건을 설명하시고, 그 십자가 사건 이후에 누구든지 예수 그리스도를 믿기만 하면 구원받는 구속 사역을 14절에서 말씀하셨습니다. 문맥상에서 그것이 거듭나는 방법임을 알 수 있습니다. 마태복음 23장에서 주님께서 예루살렘을 저주하시고 마태복음 24:1에서 성전을 떠나시는데, 23장과 24장 사이에 이 요한복음을 놓고 보면 답이 나옵니다. 주님께서 떠나시고 십자가 사건이 일어난 후 이제부터는 믿음으로 영생을 얻는 것입니다.

「이는 그를 믿는 사람은 누구든지 멸망하지 않고 영생을 얻게 하려 함이니라. 하나님께서 세상을 이처럼 사랑하셔서 그의 독생

자를 주셨으니, 이는 그를 믿는 사람은 누구든지 멸망하지 않고 영생을 얻게 하려 하심이니라」(요 3:15,16). 이제는 믿음으로써 영생을 얻습니다. 본문 구절인 요한계시록 22장처럼 계명들을 행함으로써 생명나무의 권리를 갖는 것이 아닙니다. 요한복음에 나오는, 믿음만으로 받는 구원을 전하는 것이 우리가 전해야 하는 구원론입니다. 마태복음 23장에 예언된 예루살렘의 멸망과 대환란인 24장 사이에 펼쳐지는 것이 교회시대입니다. 데살로니가전서 4장 말씀대로 주님께서 공중에 재림하셔서 교회가 휴거되고 나면 이 땅에는 무서운 대환란이 시작됩니다. 마태복음 24장은 그 대환란에 대한 말씀입니다. 구원에 관한 모든 문제의 구절들은 대환란 때의 구원론을 말씀하는 것입니다. 오늘날 구원받기 위해 예수 그리스도를 믿을 뿐 아니라 그 믿음을 끝까지 견뎌야 한다, 행함이 있어야 한다고 가르치면 사람들을 지옥으로 보내는 것입니다.

무화과 나무의 비유 - 임박한 대환란

마태복음 24장의 무화과나무의 비유를 보겠습니다. 「무화과나무의 한 비유를 배우라. 그 가지가 유연해지고 잎이 나오면, 여름이 가까운 줄 너희가 아나니, 이와 같이 너희도 이 모든 것을 보면 그 일이 가까이, 곧 문들 앞에 이른 줄 알라. 진실로 내가 너희에게 말하노니, 이 세대가 지나가기 전에 이 모든 일들이 이루어지리라」(마 24:32-34). 주님께서 열매가 없는 무화과나무를 저주하시는데, 여기서 무화과나무는 이스라엘입니다. 주님께서는 이스라엘의 회복에 대해 말씀하고 계십니다. 실제로 1948년에 이스라엘이 예루살렘에 나라를 회복하고 건설했습니다. 무화과나무인 이스라엘이 잎을 내기 시작했고 그 잎이 나오기 시작하고 나서 한 세대 안에 주님께서 다시 오신다고 말씀하셨습니다. 이 말씀 때문에 그로부터 40년, 60년, 70년 등 주님의 재림 날짜를 계산하는 이단들이 나오기도 하지만, 성경은 그 날짜는 아무도 알 수 없다고 말씀합니다. 날짜를 정하는 것이 아니라 이제는 주님께서 오실 때가 '임박했음을' 설교하는 것이 성경적인 설교입니다.

열 처녀 비유 - 대환란 때

마태복음 25장에 열 처녀 비유가 나오는데 이것 또한 행위에 의한 구원을 가르치는 문제의 구절입니다. 「그때에 천국은 등불을 들고 신랑을 맞으러 나간 열 명의 처녀들과 같으니라. 그들 가운데 다섯은 현명하고 다섯은 어리석더라. 어리석은 처녀들은 등을 가졌으나, 등과 함께 기름을 가지지 아니하였고, 현명한 처녀들은 등과 함께 기름통에 기름을 가지고 있더라. 신랑이 늦어지므로 모두 졸려서 잠이 들었는데, 한밤중에 소리가 나기를 '보라, 신랑이 오니 나가서 맞으라.' 하더라. 그때 그 처녀들이 모두 일어나서 각기 자기 등을 조절하는데, 어리석은 처녀들이 현명한 처녀들에게 말하기를 '우리의 등불이 꺼졌으니, 너희 기름을 좀 달라.'고 하더라. 그러나 현명한 처녀들이 대답하여 말하기를 '아니라. 우리와 너희에게 충분하지 못하니, 차라리 장사꾼들에게 가서 너희 쓸 것을 사라.'고 하더라. 그들이 기름을 사러 간 사이에 신랑이 왔으니, 준비하였던 처녀들만 그와 함께 혼인식에 들어가고 문은 닫혔더라. 그 후에 나머지 처녀들도 와서 말하기를 '주여, 주여, 우리에게 열어 주소서.'라고 하더라. 그러나 그가 대답하여 말하기를 '진실로 내가 너희에게 말하노니, 나는 너희를 알지 못하노라.' 하더라」(마 25:1-12).

오늘날 이 비유를 가지고 예수 그리스도를 믿는 이들 중에서 현명한 처녀들처럼 깨어 있는 자는 들림을 받고 깨어 있지 않은 어리석은 처녀들은 결국에 남게 된다고 가르치는 목사들이 있습니다. 그들이 틀린 점은 첫째, 교회는 그리스도의 몸의 지체이기 때문에 다 함께 올라가는 것이지 일부는 남고 일부만 올라가지 않습니다. 둘째, 성경에서 교회는 단수인 '한 처녀'로 나오지 위 구절처럼 복수인 '처녀들'로 나오지 않습니다. 셋째, 교회가 들림받은 후 대환란 때에도 환란 교회(tribulation churches, 은혜 시대의 교회와 구별됨 - 편집자 주)가 있고 환란 성도들이 있습니다.

이 열 처녀 비유는 대환란에 처한 환란 성도들에게 해당되는 것으로, 그들은 믿음을 그 믿음을 끝까지 견뎌야 합니다. 믿음과 행함이 있는 처녀들은 현명한 처녀들이며, 그들은 대환란 끝에 주님의 지상 재림 바로 직전에 들림을 받습니다. 그러나 어리석은 처녀들은 남겨지게 됩니다. 대환란 때에 일어나는 휴거 때 믿음을 끝까지 지키는 자들은 들림을 받고 그렇지 못한 자들은 들림받지 못하는 것입니다. 이렇게 열 처녀 비유는 교회 시대에 적용되는 것이 아닙니다. 그래서 이 비유를 들어 구원론을 가르치면 행위에 의한 구원을 가르치는 이단 교리가 나올 수밖에 없습니다.

달란트 비유 – 대환란 때

마태복음 25장에는 또 달란트 비유가 나옵니다. 한 달란트를 받았는데 쓰지 않고 묻어 두었다가 그대로 가져온 종은 악한 종이라 불리며 지옥에 갑니다. 반면 누가복음 19장에는 이와 비슷한 므나 비유가 나오는데 마태복음 25장과는 달리 책망받는 종이 지옥에 가지는 않습니다. 이러한 차이가 있는 것은 전자는 대환란 때의 성도에 대한 말씀이고 후자는 교회 시대 성도에 대한 말씀이기 때문입니다. 환란 성도들은 행함이 있어야 하며, 행함이 없으면 구원을 잃고 지옥에 갑니다.

양과 염소 – 대환란 끝의 심판

또 다른 문제의 구절은 양과 염소에 관한 비유입니다. 「인자가 그의 영광 중에 오고, 또 모든 거룩한 천사들이 그와 함께 오면 그 때에 그가 그의 영광의 보좌에 앉으리니 그 앞에 모든 민족들을 모아 놓고 마치 목자가 양들을 염소들에서 갈라놓듯이 그들을 따로 갈라놓으리라. 그리하여 양들은 그의 오른편에, 염소들은 그의 왼편에 세워 두고 왕이 그의 오른편에 있는 사람들에게 말하기를 '오라, 나의 아버지의 복을 받은 자들아, 세상의 기초가 놓인 이래로 너희를 위하여 준비한 그 왕국을 이어받으라」(마 25:31-34).

여기서 주목할 것은 마태복음에서 하신 주님의 말씀이 모두 왕국에 대한 것이라는 점입니다. 단지 유대인들이 메시아를 거절했기 때문에 그 왕국을 기다리는 기간이 지연되어 마태복음 23장과 24장 사이가 벌어졌을 뿐입니다. 마태복음 24장과 25장은 대환란과 재림 때를 말씀하신 것입니다. 마태복음 25:31-34은 주님이 재림하시고 대환란 시대의 모든 민족들을 모으신 후 양과 염소로 나누시는 것이지 교회 시대를 사는 우리들을 나누시는 것이 아닙니다. 양과 염소를 나누시는 기준은 예수님을 믿었는지, 믿지 않았는지가 아닙니다.

「이는 내가 굶주렸을 때에 너희가 먹을 것을 주었으며, 내가 목마를 때에 마실 것을 주었고, 내가 나그네였을 때에 대접하였고, 또 내가 헐벗었을 때에 입혀 주었으며, 내가 병들었을 때에 문안해 주었고, 내가 감옥에 갇혔을 때에 찾아와 주었음이라.' 하리라. 그때에 의인들이」(마 25:35-37). 여기서 '의인'이라는 단어에 주목하시기 바랍니다. 행함으로써 의인이 되는 구약과 비슷한 상황임을 알 수 있습니다. 교회 시대에는 예수 그리스도를 믿은 사람들이 하나님의 의를 받습니다. 「그때에 의인들이 주께 대답하여 말씀드리기를 '주여, 언제 우리가 주께서 굶주리신 것을 보고 잡수실 것을 드렸으며 목마르실 때에 마실 것을 드렸나이까? 언제 우리가 주께서 나그네 되신 것을 보고 대접해 드렸으며, 헐벗으셨을 때 입을 것을 드렸나이까? 언제 우리가 주께서 병드신 것을 보았으며, 또 감옥에 갇히셨을 때 찾아뵈었나이까?'라고 하리라」(마 25:37-39). 교회 시대와 대환란 때는 예수님을 볼 수가 없습니다. 기도원에서 예수님을 보았다고 하는 자들이 있는데, 예수님께서는 재림하실 때까지 하나님 아버지 우편에 앉아 계시지 이 땅에 나타나지 않으십니다. 수많은 사람들이 예수님을 보았다고 하지만 이는 빛의 천사로 가장한 사탄을 본 것입니다. 성경은 사탄이 빛의 천사로 가장한다고 말씀합니다. 여기서 언제 주님께 의를 행했는지 묻는 대환란 때의 의인들에게 주님께서 대답하십니다.

「그러나 왕이 대답하여 그들에게 말하기를 '진실로 내가 너희에게 말하노니, 여기 내 형제들 가운데 가장 작은 자 하나에게 한 것이 곧 나에게 한 것이니라.' 하리라」(마 25:40). 대환란 때 의인이 되는 방법은 예수님의 형제인 유대인들을 보호하는 것이라는 말씀입니다. 유대인들은 대환란 때 적그리스도에게 엄청난 핍박을 받기 때문에 주님께서는 예루살렘에서 도망하라고 미리 경고하셨습니다. 유대인들이 적그리스도에게서 도망다닐 때 그들을 어떻게 대하고 보호하고 도와주는지가 그 기준이 될 것입니다. 히틀러가 활동했을 당시에도 폴란드에서 사람들이 유대인들을 감춰주었습니다. 같은 방식으로 유대인들을 도와주는 사람들은 양이 되고 유대인들을 괄시하는 사람들은 염소가 됩니다.

한국 국민들은 팔레스타인 편에 서서 유대인들을 괄시하는데, 그러다가는 염소가 될 것입니다. 한국 국민들은 대환란이 오기 전, 현재 교회 시대에 구원을 못 받았다면 대환란 때라도 구원을 받아야 하는데, 그렇게 되기가 지극히 힘든 상황입니다. 현재만 하더라도 유대인 편에 서지 않고 테러를 자행하는 팔레스타인 편을 들고 있는 상태입니다. 인간적인 생각과 성경의 가르침은 반대로 가기 때문에 여러분도 성경적 지식이 없이 산다면 유대인들은 나쁘다는 등 주위 사람들의 말에 따라 유대인들 편에 서지 않고 팔레스타인 편에 설 것입니다. 성경은 하나님께서 아브라함과 무조건적인 언약을 맺으시고 아브라함의 자손들에게 복 주실 것을 약속하셨습니다. 그들이 일시적으로 하나님의 계명을 어기고 불순종한 대가로 나라를 잃고 흩어져 비참하게 되었지만 결국 다시 회복된다는 것이 성경의 전체적인 흐름입니다. 그래서 바이블 빌리버들이 유대인들을 지지하는 것입니다. 미국을 제외한 다른 모든 나라들이 유대인들을 지지하지 않는 현 상황에서 미국이 이스라엘을 지지하는 이유는 아직까지 성경을 아는 바이블 빌리버들이 많기 때문입니다. 미국 정치인들이 이스라엘을 지지하는 이유도 그들이 성경을 알기 때문입니다.

그러면 41절에서 말씀하시는 저주받은 자들은 누구입니까. 「그때에 왕이 왼편에 있는 자들에게도 말하기를 '너희 저주받은 자들아, 내게서 떠나 마귀와 그의 천사들을 위하여 준비한 영원한 불 속으로 들어가라」(마 25:41). 대환란 끝에 주님이 오셔서 살아남은 유대인들과 이방인들을 모두 모아 놓고 유대인들을 어떻게 대했는지에 따라 양과 염소로 나누실 것입니다. 그리고 한편은 저주받아 영원한 불 속으로 들어가고, 다른 한편은 천년 왕국에 들어갈 것입니다.

이제 복음서까지 살펴보았습니다. 교회 시대가 끝난 후 바로 대환란이 시작되는데 이에 대한 말씀이 요한계시록입니다. 요한계시록을 푼다는 이들이 풀기는커녕 사람들을 더 큰 혼동에 빠지게 만들고 있습니다. 그런 사람들을 크게 두 부류로 나눌 수 있는데, 한 부류는 계시록을 가르치면서 교회 시대에 행위를 동반해야 구원받는다고 가르치고, 다른 부류는 계시록의 말씀은 모두 비유이므로 믿음으로 구원받았지만 이렇게 살아야 하는 것이라고 가르칩니다. 성경적으로 믿는 사람들 외의 모든 목사들이 예외없이 그 둘 중 하나를 가르칩니다. 그러나 성경적인 답은, 요한계시록은 하나님의 계명과 예수 그리스도의 믿음에 의한 구원을 가르친다는 것입니다. 요한계시록은 대환란 시대이기 때문에 행위에 의한 구원을 가르칠 수 밖에 없습니다.

구원이 아닌, 유업의 상실

문제의 구절들 몇 가지를 더 간략히 살펴보겠습니다. 역시 이런 구절 때문에 많은 목사들이 교회 시대에도 행함이 있어야 구원받는다고 가르칩니다.

「우리가 참으면 우리도 그와 함께 다스릴 것이요 우리가 그를 부인하면 그도 우리를 부인할 것이라」(딤후 2:12). 이 구절을 가지고 행함이 없으면 주님이 우리를 부인하고 지옥으로 보내신다고 가르치는 목사들이 있습니다. 그러나 이것은 구원을 잃어버리는 것과는 상관이 없고 구원 이후의 섬김에 대한 상을 잃는다는 뜻입니다. 하나님의 나라와 유업에 대한 설교에서 구원받은 사람들은 그리스도의 심판석에서 유업을 받고 천년 왕국에서 주님과 함께 다스린다는 것을 살펴보았습니다. 열 고을 다스리는 사람도 있고 다섯 고을을 다스리는 사람도 있을 것입니다. 천년 왕국 때에 주님께서는 예루살렘 성전에 계시고 '그를 부인하지 않은 사람들'이 여러 고을들을 다스리게 된다는 말씀입니다. 그리스도의 심판석에서 주님께서 여러분을 부인하실 수 있고 다스리지 못하게 하실 수도 있습니다. 12절을 보너라도 문맥상 지옥에 간다는 말이 아닙니다. 참는 사람들은 그와 함께 다스리고 참지 않고 주님을 부인한 사람들은 다스림에서 부인당한다는 말씀입니다.

그 다음 13절을 보면 더 분명히 알 수 있습니다.「우리가 믿지 아니하여도 그는 항상 신실하시니, 그는 스스로를 부인하실 수 없음이라.」이 말은 구원받은 사람이 나중에 구원의 확신이 흔들려도 주님은 항상 신실하시기에 그리스도의 몸의 지체가 된 그 사람을 나중에 부인하실 수 없다는 말씀입니다. 12,13절을 제대로 읽으면 오히려 구원받은 사람은 지옥에 가지 않는다는 것을 더 확실히 알 수 있습니다. 그런데도 여기서 부인당하는 것이 지옥에 가는 것이라고 가르치는 자들이 있습니다. 13절은 얼마나 강력한 말씀입니까? 구원받고 난 뒤에 어떤 이유로든 주님을 부인한다 할지라도 주님은 여러분을 부인하실 수 없다고 말씀합니다. "그는 항상 신실하시니, 그는 스스로를 부인하실 수 없음이라."

다시 말하지만 13절은 오히려 구원의 보장을 확고히 말씀하는 구절입니다. "우리가 믿지 아니하여도." 예를 들어 어떤 사람이 진정한 마음으로 믿어서 주님을 영접하고 구원을 받았어도 얼마 후 이단 교리에 속을 수 있습니다. 여호와의 증인이 와서 예수님이 하나님이 아니고 행함이 있어야 하며 지옥은 없다고 가르쳐서 그가 예수님이 하나님이 아니시라는 의심을 하게 될 수도 있습니다. 그러나 그 사람이 진정으로 구원을 받은 사람이라면 12,13절 말씀대로 예수님께서는 신실하시기 때문에 그 사람을 결코 부인하실 수 없으십니다. 즉 확실히 구원을 받았다면 나중에 그 어떤 일을 해도 그리스도의 몸의 한 지체이기 때문에 구원을 잃어버리지 않습니다. 단지 주님과 함께 다스리지 못하는 것입니다. 우리가 서야 할 그리스도의 심판석은 상만 받는 자리가 아니라 책망과 벌도 받는 곳입니다. 어떤 벌이라는 말씀은 성경에 없지만 굉장히 두려운 자리인 것만은 분명합니다. 바울이 두려움으로 기다린다고 말했기 때문입니다. 그러나 지옥에 간다는 말은 아닙니다. 그리스도의 심판석은 오직 구원받은 성도들만 서는 자리입니다. 이 세상에 무서운 7년 동안의 대환란이 있을 때 구원받은 사람들은 들림받아 공중에서 그리스도께 자신의 행위에 대한 심판을 받습니다.

신약에서 이처럼 행함을 말씀하는 구절들은 대부분 그리스도인이 받을 유업과 관계되는 것이지 구원과 관계된 것이 아니라는 점을 분명히 이해하셔야 합니다.

오늘날 교회 시대에 구원받기 위해서는 주님께서 요한복음에서 말씀하신 대로 거듭나야 합니다. 거듭나는 것은 십자가에서 죽으시고 부활하신 예수 그리스도를 믿고 자신의 구주로 영접할 때 일어나는 일입니다. 「네가 네 입으로 주 예수를 시인하고 또 하나님께서 그를 죽은 자들로부터 살리신 것을 네 마음에 믿으면 구원을 받으리라. 이는 사람이 마음으로 믿어 의에 이르고 입으로 고백하여 구원에 이르기 때문이라」(롬 10:9,10). 구원의 확신이 없으신 분들은 오늘 이렇게 마음으로 믿고 입으로 고백하여 구원받으시기를 간절히 기도합니다.

유튜브 채널 링크
REAL Bible 1611

무료 책자 링크
www.realbible1611.com

김경환 목사 저서 목록

기초 성경 공부 1,2
하나님의 사랑
올바른 성경 공부법
시대에 따른 진리
그리스도인의 성품
지옥설교를 안하면 거짓목사이다

향후 출간 계획 저서

교회 개혁을 위하여 바른 성경으로 돌아가자
교회 개혁을 위하여 바른 믿음으로 돌아가자
구원 이후의 삶
하나님의 경륜 (가제)
한국인이 모르는 진리 (가제)
야고보서 주석 (가제)

구원에 관한 문제의 구절들 총정리
Problem Texts

2024년 12월 4일 1판 1쇄 발행

지은이　　김경환

펴낸곳　　BBCI (Bible Believing Christian, Inc.)
주소　　서울 강서구 마곡중앙4로 10 그랑트윈 A동 422호
이메일　　Bbcipress@gmail.com
　　　　　　bbcipress@naver.com

ISBN　　979-11-987745-8-3 (03230)

가격　　16,000원